Louise Glück

TREUE UND EDLE NACHT

Louise Glück

TREUE UND EDLE NACHT

Aus dem amerikanischen Englisch
von Uta Gosmann

Luchterhand

INHALT

PARABLE

First divesting ourselves of worldly goods, as St. Francis teaches,
in order that our souls not be distracted
by gain and loss, and in order also
that our bodies be free to move
easily at the mountain passes, we had then to discuss
whither or where we might travel, with the second question being
should we have a purpose, against which
many of us argued fiercely that such purpose
corresponded to worldly goods, meaning a limitation or constriction,
whereas others said it was by this word we were consecrated
pilgrims rather than wanderers: in our minds, the word translated as
a dream, a something-sought, so that by concentrating we might see it
glimmering among the stones, and not
pass blindly by; each
further issue we debated equally fully, the arguments going back and forth,
so that we grew, some said, less flexible and more resigned,
like soldiers in a useless war. And snow fell upon us, and wind blew,
which in time abated – where the snow had been, many flowers appeared,
and where the stars had shone, the sun rose over the tree line
so that we had shadows again; many times this happened.
Also rain, also flooding sometimes, also avalanches, in which
some of us were lost, and periodically we would seem
to have achieved an agreement, our canteens
hoisted upon our shoulders; but always that moment passed, so
(after many years) we were still at that first stage, still
preparing to begin a journey, but we were changed nevertheless;

GLEICHNIS

Nachdem wir uns von weltlichem Gut getrennt hatten, wie der heilige
Franziskus lehrt,
damit unsere Seelen sich nicht
um Gewinn und Verlust bekümmerten und auch damit
unsere Körper sich an den Bergpässen
frei bewegen könnten, mussten wir besprechen,
woher oder wohin wir reisen wollten, wobei die zweite Frage war,
ob wir eine Bestimmung haben sollten, wogegen
viele von uns empört einwandten, dass solch eine Bestimmung
weltlichem Gut entspräche, Begrenzung und Verengung wäre,
während andere sagten, dass erst dieses Wort uns nicht zu Wanderern,
sondern wahren Pilgern mache: In unseren Augen wies das Wort auf
einen Traum, ein Ersehntes, das, wenn wir uns konzentrierten,
wir zwischen Steinen vielleicht glänzen sähen und nicht
blind daran vorübergingen; alle
weiteren Fragen besprachen wir ebenso gründlich, reichten Argumente
hin und her,
sodass wir, sagten manche, unbeweglicher und mutloser wurden
wie Soldaten in einem sinnlosen Krieg. Und Schnee fiel auf uns nieder,
und Wind blies,
der mit der Zeit nachließ – wo Schnee gelegen hatte, wuchsen viele Blumen,
und wo zuvor die Sterne leuchteten, schob die Sonne sich über den Waldkamm,
sodass wir wieder Schatten hatten; viele Male geschah dies.
Und auch Regen und manchmal Überschwemmungen und Lawinen, in denen
mancher von uns verloren ging, und zuweilen schienen wir uns
fast geeinigt zu haben, schulterten schon
unsere Feldflaschen; doch zog der Moment stets vorüber, sodass
wir (nach vielen Jahren) immer noch am Anfang waren, immer noch
den Aufbruch planten. Trotzdem fanden wir uns verändert;

we could see this in one another; we had changed although
we never moved, and one said, ah, behold how we have aged, traveling
from day to night only, neither forward nor sideward, and this seemed
in a strange way miraculous. And those who believed we should have a purpose
believed this was the purpose, and those who felt we must remain free
in order to encounter truth felt it had been revealed.

wir sahen es einander an; wir hatten uns verändert, obwohl
wir uns nie bewegt hatten, und einer sagte, ach, seht doch, wie alt wir geworden sind,
die wir nur vom Tag zur Nacht reisten, nicht vorwärts noch seitwärts, und dies schien
ein Wunder auf seltsame Weise. Und wer glaubte, wir sollten eine Bestimmung haben,
glaubte, dies sei die Bestimmung, und wer meinte, wir sollten frei bleiben,
um die Wahrheit zu erfahren, meinte, sie habe sich offenbart.

AN ADVENTURE

1.

It came to me one night as I was falling asleep
that I had finished with those amorous adventures
to which I had long been a slave. Finished with love?
my heart murmured. To which I responded that many profound discoveries
awaited us, hoping, at the same time, I would not be asked
to name them. For I could not name them. But the belief that they existed –
surely this counted for something?

2.

The next night brought the same thought,
this time concerning poetry, and in the nights that followed
various other passions and sensations were, in the same way,
set aside forever, and each night my heart
protested its future, like a small child being deprived of a favorite toy.
But these farewells, I said, are the way of things.
And once more I alluded to the vast territory
opening to us with each valediction. And with that phrase I became
a glorious knight riding into the setting sun, and my heart
became the steed underneath me.

EIN ABENTEUER

1.

Eines Nachts, ich schlief schon fast, wurde mir klar,
dass ich abgeschlossen hatte mit den amourösen Abenteuern,
denen ich lang verfallen war. Abgeschlossen mit der Liebe?,
raunte mein Herz. Worauf ich erwiderte, dass noch viele große Entdeckungen
auf uns warteten, und gleichzeitig hoffte, sie nicht
benennen zu müssen. Denn nennen konnte ich sie nicht. Doch zu glauben,
dass es sie gab –
sicher zählte das?

2.

Die Nacht darauf kam mir derselbe Gedanke,
betraf diesmal das Dichten, und in den Nächten danach
wurden weitere Leidenschaften und Empfindungen in gleicher Weise
für immer beiseitegelegt, und jede Nacht erwehrte sich mein Herz
seiner Zukunft wie ein kleines Kind, dem man sein liebstes Spielzeug nimmt.
Diese Abschiede, sagte ich, sind doch der Lauf der Dinge.
Und noch einmal wies ich auf den weiten Raum,
der sich mit jedem Lebewohl vor uns auftat. Und mit jenem Satz wurde ich
zum glorreichen Ritter, der in die untergehende Sonne reitet, und mein Herz
wurde unter mir zu meinem Ross.

3.

I was, you will understand, entering the kingdom of death,
though why this landscape was so conventional
I could not say. Here, too, the days were very long
while the years were very short. The sun sank over the far mountain.
The stars shone, the moon waxed and waned. Soon
faces from the past appeared to me:
my mother and father, my infant sister; they had not, it seemed,
finished what they had to say, though now
I could hear them because my heart was still.

4.

At this point, I attained the precipice
but the trail did not, I saw, descend on the other side;
rather, having flattened out, it continued at this altitude
as far as the eye could see, though gradually
the mountain that supported it completely dissolved
so that I found myself riding steadily through the air –
All around, the dead were cheering me on, the joy of finding them
obliterated by the task of responding to them –

3.

Ich trat, du weißt es wohl, ins Reich des Todes ein,
doch warum die Landschaft so gewöhnlich war,
konnte ich nicht sagen. Auch hier waren die Tage sehr lang,
die Jahre aber sehr kurz. Die Sonne versank hinter dem fernen Berg.
Die Sterne leuchteten, der Mond nahm zu und ab. Bald
erschienen mir Gesichter der Vergangenheit:
Mutter und Vater, meine kleine Schwester; sie hatten wohl
nicht ausgesprochen, doch jetzt
konnte ich sie hören, denn mein Herz war still.

4.

An dieser Stelle erreichte ich die Klippe,
doch der Pfad, wie ich sah, führte jenseits nicht hinab;
er flachte vielmehr ab und lief, so weit das Auge reichte,
auf gleicher Höhe weiter, wobei
der Berg, der ihn trug, nach und nach verschwand,
sodass ich mich in einem fort auf Luft reitend fand –
Ringsum spornten mich die Toten an, doch die Freude, sie zu finden,
wurde von der Pflicht, ihnen zu antworten, erstickt –

5.

As we had all been flesh together,
now we were mist.
As we had been before objects with shadows,
now we were substance without form, like evaporated chemicals.
Neigh, neigh, said my heart,
or perhaps nay, nay – it was hard to know.

6.

Here the vision ended. I was in my bed, the morning sun
contentedly rising, the feather comforter
mounded in white drifts over my lower body.
You had been with me –
there was a dent in the second pillowcase.
We had escaped from death –
or was this the view from the precipice?

5.

Wie wir gemeinsam einmal Fleisch waren,
waren wir nun Nebel.
Wie wir in Gestalt einmal Schatten hatten,
waren wir nun Substanz ohne Form, wie verdampfte Chemikalien.
Es wieherte mein Herz,
vielleicht weigerte es sich auch – es war schwer zu sagen.

6.

Hier endete die Vision. Ich lag in meinem Bett, die Morgensonne
ging gemächlich auf, die Daunendecke
bauschte sich in weißen Wellen über meinem Körper.
Du warst bei mir gewesen –
das zweite Kissen lag noch eingedrückt.
Wir waren dem Tode entronnen –
oder tat sich hier der Blick in den Abgrund auf?

THE PAST

Small light in the sky appearing
suddenly between
two pine boughs, their fine needles

now etched onto the radiant surface
and above this
high, feathery heaven –

Smell the air. That is the smell of the white pine,
most intense when the wind blows through it
and the sound it makes equally strange,
like the sound of the wind in a movie –

Shadows moving. The ropes
making the sound they make. What you hear now
will be the sound of the nightingale, *chordata*,
the male bird courting the female –

The ropes shift. The hammock
sways in the wind, tied
firmly between two pine trees.

Smell the air. That is the smell of the white pine.

It is my mother's voice you hear
or is it only the sound the trees make
when the air passes through them

DIE VERGANGENHEIT

Kleines Licht am Himmel scheint
plötzlich zwischen
zwei Kiefernzweigen, ihre feinen Nadeln

jetzt auf die strahlende Fläche graviert
und darüber dieser
hohe, federleichte Himmel –

Atme die Luft. Das ist der Duft der Seidenkiefer,
am intensivsten, wenn der Wind durch sie weht,
und der Klang, der entsteht, ebenso fremd
wie der Klang des Winds in einem Film –

Schatten regen sich. Die Seile
haben ihren Klang. Was du jetzt hörst,
ist der Gesang der Nachtigall, *chordata*,
das Männchen lockt das Weibchen –

Die Seile rutschen. Die Hängematte
wiegt im Wind, befestigt
an zwei Kiefern.

Atme die Luft. Das ist der Duft der Seidenkiefer.

Meiner Mutter Stimme ist es, die du hörst,
oder ist es nur der Klang, der entsteht,
wenn der Wind durch Bäume weht,

because what sound would it make,
passing through nothing?

denn welcher Klang entsteht,
wenn er nichts durchweht?

FAITHFUL AND VIRTUOUS NIGHT

My story begins very simply: I could speak and I was happy.
Or: I could speak, thus I was happy.
Or: I was happy, thus speaking.
I was like a bright light passing through a dark room.

If it is so difficult to begin, imagine what it will be to end –
On my bed, sheets printed with colored sailboats
conveying, simultaneously, visions of adventure (in the form of exploration)
and sensations of gentle rocking, as of a cradle.

Spring, and the curtains flutter.
Breezes enter the room, bringing the first insects.
A sound of buzzing like the sound of prayers.

Constituent
memories of a large memory.
Points of clarity in a mist, intermittently visible,
like a lighthouse whose one task
is to emit a signal.

But what really is the point of the lighthouse?
This is north, it says.
Not: I am your safe harbor.

Much to his annoyance, I shared this room with my older brother.
To punish me for existing, he kept me awake, reading
adventure stories by the yellow nightlight.

TREUE UND EDLE NACHT

Meine Geschichte beginnt sehr schlicht: Ich konnte sprechen, und ich war froh.
Oder: Ich konnte sprechen, war also froh.
Oder: Ich war froh und sprach also.
Ich war ein helles Licht, das einen dunklen Raum durchgleitet.

Wenn es schon schwer ist anzufangen, wie soll es nur werden zu enden –
Auf meinem Bett stellen Laken mit bunten Segelschiffen
Abenteuer (in Form von Entdeckungen) in Aussicht
und auch das Gefühl sanften Schaukelns, wie in einer Wiege.

Frühling, und die Vorhänge flattern.
Eine Brise weht in den Raum, bringt erste Insekten.
Der Klang ihres Brummens wie der Klang von Gebeten.

Einzelne
Erinnerungen aus einem großen Schatz.
Lichtpunkte im Nebel, mal sichtbar
wie ein Leuchtturm, dessen einzige Aufgabe
ist, ein Signal zu senden.

Doch was ist der wahre Zweck des Leuchtturms?
Hier ist Norden, sagt er.
Nicht: Ich bin dein sicherer Hafen.

Zu seinem Verdruss teilte ich das Zimmer mit meinem älteren Bruder.
Zur Strafe für mein Dasein hielt er mich wach, las
Abenteuergeschichten im gelben Schein des Nachtlichts.

The habits of long ago: my brother on his side of the bed,
subdued but voluntarily so,
his bright head bent over his hands, his face obscured –

At the time of which I'm speaking,
my brother was reading a book he called
the faithful and virtuous night.
Was this the night in which he read, in which I lay awake?
No – it was a night long ago, a lake of darkness in which
a stone appeared, and on the stone
a sword growing.

Impressions came and went in my head,
a faint buzz, like the insects.
When not observing my brother, I lay in the small bed we shared
staring at the ceiling – never
my favorite part of the room. It reminded me
of what I couldn't see, the sky obviously, but more painfully
my parents sitting on the white clouds in their white travel outfits.

And yet I too was traveling,
in this case imperceptibly
from that night to the next morning,
and I too had a special outfit:
striped pyjamas.

Die Gewohnheiten vergangener Zeiten: mein Bruder auf seiner Seite des Betts,
gehüllt in selbst gewähltes Schweigen,
sein helles Haupt über die Hände gebeugt, sein Gesicht verdunkelt –

Zu der Zeit, von der ich spreche,
las mein Bruder ein Buch, das er
die treue und edle Nacht nannte.
War das die Nacht, in der er las, in der ich wach lag?
Nein – es war eine Nacht vor langer Zeit, ein See aus Dunkelheit, aus dem
ein Stein ragte, und aus dem Stein
wuchs ein Schwert.

Eindrücke kamen und gingen in meinem Kopf,
ein schwaches Brummen wie von Insekten.
Wenn ich nicht meinen Bruder betrachtete, lag ich auf dem kleinen Bett,
das wir teilten,
starrte an die Decke – keinesfalls
mein liebster Teil des Zimmers. Sie führte vor Augen,
was ich nicht sehen konnte, den Himmel natürlich, doch schlimmer noch
meine Eltern, die in weißen Reisekleidern auf den weißen Wolken saßen.

Und doch war auch ich auf Reisen,
in diesem Fall unmerklich
von der Nacht zum nächsten Morgen,
und auch ich trug besondere Kleider:
einen Pyjama mit Streifen.

Picture if you will a day in spring.
A harmless day: my birthday.
Downstairs, three gifts on the breakfast table.

In one box, pressed handkerchiefs with a monogram.
In the second box, colored pencils arranged
in three rows, like a school photograph.
In the last box, a book called *My First Reader.*

My aunt folded the printed wrapping paper;
the ribbons were rolled into neat balls.
My brother handed me a bar of chocolate
wrapped in silver paper.

Then, suddenly, I was alone.

Perhaps the occupation of a very young child
is to observe and listen:

In that sense, everyone was occupied –
I listened to the various sounds of the birds we fed,
the tribes of insects hatching, the small ones
creeping along the windowsill, and overhead
my aunt's sewing machine drilling
holes in a pile of dresses –

Stell dir einmal einen Tag im Frühling vor.
Ein harmloser Tag: mein Geburtstag.
Unten drei Geschenke auf dem Frühstückstisch.

In einem Päckchen Taschentücher mit Monogramm.
Im zweiten Päckchen Buntstifte, geordnet
in drei Reihen wie ein Klassenfoto.
Im letzten Päckchen ein Buch mit dem Titel *Meine Fibel.*

Meine Tante faltete das bedruckte Geschenkpapier;
die Schleifen wurden sauber aufgerollt.
Mein Bruder gab mir einen Riegel Schokolade
in Silberfolie.

Dann war ich plötzlich allein.

Vielleicht besteht das Tun eines sehr jungen Kindes
im Betrachten und Zuhören:

Auf diese Weise hatten alle zu tun –
ich lauschte den vielen Lauten der Vögel, die wir fütterten,
den Insektenvölkern beim Schlüpfen, den kleinen
beim Krabbeln auf der Fensterbank und über mir
der Nähmaschine meiner Tante, wie sie
Löcher in einen Haufen Kleider bohrte –

Restless, are you restless?
Are you waiting for day to end, for your brother to return to his book?
For night to return, faithful, virtuous,
repairing, briefly, the schism between
you and your parents?

This did not, of course, happen immediately.
Meanwhile, there was my birthday;
somehow the luminous outset became
the interminable middle.

Mild for late April. Puffy
clouds overhead, floating among the apple trees.
I picked up *My First Reader*, which appeared to be
a story about two children – I could not read the words.

On page three, a dog appeared.
On page five, there was a ball – one of the children
threw it higher than seemed possible, whereupon
the dog floated into the sky to join the ball.
That seemed to be the story.

I turned the pages. When I was finished
I resumed turning, so the story took on a circular shape,
like the zodiac. It made me dizzy. The yellow ball

seemed promiscuous, equally
at home in the child's hand and the dog's mouth –

Rastlos, bist du rastlos?
Wartest du, dass der Tag endet, dass dein Bruder zu seinem Buch zurückkehrt?
Dass die Nacht zurückkehrt, treu, edel,
und für kurze Zeit den Riss zwischen
dir und deinen Eltern repariert?

Dies geschah natürlich nicht sofort.
Indes kam mein Geburtstag;
irgendwie wurde der strahlende Anfang
zur nicht enden wollenden Mitte.

Mild für Ende April. Bauschige
Wolken über mir, treiben bei den Apfelbäumen.
Ich nahm *Meine Fibel* zur Hand, wohl
die Geschichte zweier Kinder – ich konnte noch nicht lesen.

Auf Seite drei erschien ein Hund.
Auf Seite fünf war ein Ball – eins der Kinder
warf ihn höher, als möglich schien, worauf
der Hund in den Himmel schwebte, um bei dem Ball zu sein.
So ging wohl die Geschichte.

Ich blätterte weiter. Als ich zum Ende kam,
blätterte ich wieder zurück, sodass die Geschichte die Form eines Kreises annahm,
wie der Tierkreis. Mir wurde schwindlig. Der gelbe Ball

schien treulos, wie er gleich
vertraut mit der Hand des Kindes und dem Maul des Hundes war –

Hands underneath me, lifting me.
They could have been anyone's hands,
a man's, a woman's.
Tears falling on my exposed skin. Whose tears?
Or were we out in the rain, waiting for the car to come?

The day had become unstable.
Fissures appeared in the broad blue, or,
more precisely, sudden black clouds
imposed themselves on the azure background.

Somewhere, in the far backward reaches of time,
my mother and father
were embarking on their last journey,
my mother fondly kissing the new baby, my father
throwing my brother into the air.

I sat by the window, alternating
my first lesson in reading with
watching time pass, my introduction to
philosophy and religion.

Perhaps I slept. When I woke
the sky had changed. A light rain was falling,
making everything very fresh and new –

Hände unter mir, heben mich.
Sie könnten eines jeden Hände sein,
eines Mannes, einer Frau.
Tränen tropfen auf meine entblößte Haut. Wessen Tränen?
Oder standen wir im Regen, warteten auf das Auto?

Der Tag gab keinen Halt,
Risse sprangen auf im weiten Blau oder,
mehr noch, schwarze Wolken
zogen plötzlich über den azurnen Grund.

Irgendwo in den weit zurückreichenden Läufen der Zeit
legten meine Mutter und mein Vater
zu ihrer letzten Reise ab;
meine Mutter küsste zart das neue Baby, mein Vater
warf meinen Bruder in die Luft.

Ich saß am Fenster und widmete mich abwechselnd
meiner ersten Leselektion und
dem Verstreichen der Zeit, meiner Einführung in
Philosophie und Religion.

Vielleicht schlief ich. Als ich erwachte,
war der Himmel verändert. Ein leichter Regen fiel,
machte alles frisch und neu –

I continued staring
at the dog's frantic reunions
with the yellow ball, an object
soon to be replaced
by another object, perhaps a soft toy –

And then suddenly evening had come.
I heard my brother's voice
calling to say he was home.

How old he seemed, older than this morning.
He set his books beside the umbrella stand
and went to wash his face.
The cuffs of his school uniform
dangled below his knees.

You have no idea how shocking it is
to a small child when
something continuous stops.

The sounds, in this case, of the sewing room,
like a drill, but very far away –

Vanished. Silence was everywhere.
And then, in the silence, footsteps.
And then we were all together, my aunt and my brother.

Ich starrte weiter
auf die rasende Vereinigung des Hundes
mit dem gelben Ball, einem Ding,
das bald ersetzt würde
durch ein anderes, vielleicht ein weiches Spielzeug –

Und bald schon war es Abend.
Ich hörte meinen Bruder rufen,
dass er zu Hause sei.

Wie alt er schien, älter als am Morgen.
Er legte seine Bücher neben den Schirmständer
und ging sein Gesicht waschen.
Der Hosenaufschlag seiner Schuluniform
hing unter seinen Knien.

Man macht sich kein Bild vom Erschrecken
eines kleinen Kindes, wenn
etwas Beständiges endet.

In diesem Fall die Geräusche aus dem Nähzimmer
wie von einem Bohrer, aber sehr weit weg –

Verschluckt. Überall war Stille.
Und dann in der Stille Schritte.
Und dann waren wir beisammen, meine Tante und mein Bruder.

Then tea was set out.
At my place, a slice of ginger cake
and at the center of the slice,
one candle, to be lit later.
How quiet you are, my aunt said.

It was true –
sounds weren't coming out of my mouth. And yet
they were in my head, expressed, possibly,
as something less exact, thought perhaps,
though at the time they still seemed like sounds to me.

Something was there where there had been nothing.
Or should I say, nothing was there
but it had been defiled by questions –

Questions circled my head; they had a quality
of being organized in some way, like planets –

Outside, night was falling. Was this
that lost night, star-covered, moonlight-spattered,
like some chemical preserving
everything immersed in it?

My aunt had lit the candle.

Darkness overswept the land
and on the sea the night floated
strapped to a slab of wood –

Dann wurde zum Tee gedeckt.
An meinem Platz ein Stück Ingwerkuchen
und in der Mitte des Stücks
eine Kerze, zum Anzünden für später.
Wie still du bist, sagte meine Tante.

Es stimmte –
ich machte keinen Laut. Und doch
waren Laute in meinem Kopf, vielleicht
in weniger genauer Form, Denken etwa,
obwohl sie mir zu jener Zeit wie Laute schienen.

Da war etwas, wo nichts gewesen war.
Oder sollte ich sagen, dass da nichts war,
doch Fragen es beschmutzt hatten –

Fragen kreisten in meinem Kopf; rotierten
in einer Art Ordnung, wie Planeten –

Draußen brach die Nacht herein. War dies
die verlorene Nacht, sternenbedeckt, mondlichtbefleckt,
die, wie eine Chemikalie, alles,
was man in sie taucht, bewahrt?

Meine Tante hatte die Kerze entzündet.

Dunkelheit flutete über das Land,
und auf dem Meer trieb die Nacht,
geschnürt auf eine Planke –

If I could speak, what would I have said?
I think I would have said
goodbye, because in some sense
it *was* goodbye –

Well, what could I do? I wasn't
a baby anymore.

I found the darkness comforting.
I could see, dimly, the blue and yellow
sailboats on the pillowcase.

I was alone with my brother;
we lay in the dark, breathing together,
the deepest intimacy.

It had occurred to me that all human beings are divided
into those who wish to move forward
and those who wish to go back.
Or you could say, those who wish to keep moving
and those who want to be stopped in their tracks
as by the blazing sword.

My brother took my hand.
Soon it too would be floating away
though perhaps, in my brother's mind,
it would survive by becoming imaginary –

Hätte ich gesprochen, was hätte ich gesagt?
Ich hätte mich wohl
verabschiedet, denn
ein Abschied *war* es ja –

Was blieb mir auch anderes übrig? Ich war
kein Baby mehr.

Ich fand die Dunkelheit beruhigend.
Ich konnte schwach die blauen und gelben
Segelschiffe auf dem Kissen sehen.

Ich war allein mit meinem Bruder;
wir lagen im Dunkeln, atmeten gleich,
in tiefster Vertrautheit.

Ich hatte erkannt, dass die Menschen sich scheiden
in solche, die vorwärtsstreben,
und solche, die zurückgehen.
Man könnte auch sagen solche, die lieber in Bewegung bleiben,
und solche, die sich aufhalten lassen
wie durch das flammende Schwert.

Mein Bruder nahm meine Hand.
Bald würde auch sie davontreiben,
doch in der Vorstellung meines Bruders
vielleicht lebendig bleiben –

Having finally begun, how does one stop?
I suppose I can simply wait to be interrupted
as in my parents' case by a large tree –
the barge, so to speak, will have passed
for the last time between the mountains.
Something, they say, like falling asleep,
which I proceeded to do.

The next day, I could speak again.
My aunt was overjoyed –
it seemed my happiness had been
passed on to her, but then
she needed it more, she had two children to raise.

I was content with my brooding.
I spent my days with the colored pencils
(I soon used up the darker colors)
though what I saw, as I told my aunt,
was less a factual account of the world
than a vision of its transformation
subsequent to passage through the void of myself.

Something, I said, like the world in spring.

When not preoccupied with the world
I drew pictures of my mother
for which my aunt posed,
holding, at my request,
a twig from a sycamore.

Nachdem man endlich begonnen hat, wie hört man wieder auf?
Ich könnte wohl warten, gestoppt zu werden
wie meine Eltern von einem großen Baum –
die Barke hätte dann gewissermaßen
die Bergeskluft zum letzten Mal durchfahren.
Es heißt, es sei wie Einschlafen,
was ich hiernach tat.

Am nächsten Tag konnte ich wieder sprechen.
Meine Tante war vor Freude außer sich –
mein Glück schien
auf sie übertragen, doch
hatte sie es nötiger, denn sie zog zwei Kinder groß.

Ich gab mich mit Grübeln zufrieden.
Ich verbrachte meine Tage mit den Buntstiften
(die dunklen Farben waren schon bald aufgebraucht),
wenn auch, was ich sah, erklärte ich meiner Tante,
weniger eine Darstellung der echten Welt war
als ein Bild ihrer Verwandlung
infolge der Reise durch die Leere meiner selbst.

So ähnlich, sagte ich, wie die Welt im Frühling.

Wenn ich nicht über die Welt nachdachte,
malte ich Bilder meiner Mutter,
für die meine Tante Modell stand
und auf mein Bitten
den Zweig einer Maulbeerfeige hielt.

As to the mystery of my silence:
I remained puzzled
less by my soul's retreat than
by its return, since it returned empty-handed –

How deep it goes, this soul,
like a child in a department store,
seeking its mother –

Perhaps it is like a diver
with only enough air in his tank
to explore the depths for a few minutes or so –
then the lungs send him back.

But something, I was sure, opposed the lungs,
possibly a death wish –
(I use the word *soul* as a compromise).

Of course, in a certain sense I was not empty-handed:
I had my colored pencils.
In another sense, that is my point:
I had accepted substitutes.

It was challenging to use the bright colors,
the ones left, though my aunt preferred them of course –
she thought all children should be lighthearted.

Was das Rätsel meines Schweigens betrifft:
Mich wunderte
weniger der Rückzug meiner Seele als
ihre Wiederkehr, weil sie mit leeren Händen kam –

Wie tief sie geht, diese Seele,
wie ein Kind im Kaufhaus,
das seine Mutter sucht –

Womöglich ist sie wie ein Taucher
mit gerade so viel Sauerstoff,
die Tiefe für ein paar Minuten zu ergründen –
dann schicken ihn die Lungen zurück.

Doch etwas, war ich sicher, widersetzte sich den Lungen,
vielleicht ein Todeswunsch –
(ich verwende das Wort *Seele* als Kompromiss).

Ich stand gewiss nicht ganz mit leeren Händen da:
Ich hatte meine Buntstifte.
Doch eben darum geht es ja:
Ich hatte Ersatz akzeptiert.

Es fiel mir schwer, die hellen Farben zu benutzen,
die verbliebenen, wenn sie auch meiner Tante lieber waren –
alle Kinder, fand sie, sollten leichte Herzen haben.

And so time passed: I became
a boy like my brother, later
a man.

I think here I will leave you. It has come to seem
there is no perfect ending.
Indeed, there are infinite endings.
Or perhaps, once one begins,
there are only endings.

Und so verstrich die Zeit: Ich wuchs
zu einem Jungen heran wie mein Bruder, später
zu einem Mann.

An dieser Stelle will ich mich verabschieden. Es hat sich wohl erwiesen,
es gibt kein vollendetes Ende.
Tatsächlich können Enden endlos sein.
Und vielleicht gibt es, hat man erst begonnen,
nur noch Enden.

THEORY OF MEMORY

Long, long ago, before I was a tormented artist, afflicted with longing yet incapable of forming durable attachments, long before this, I was a glorious ruler uniting all of a divided country – so I was told by the fortune-teller who examined my palm. Great things, she said, are ahead of you, or perhaps behind you; it is difficult to be sure. And yet, she added, what is the difference? Right now you are a child holding hands with a fortune-teller. All the rest is hypothesis and dream.

ERINNERUNGSTHEORIE

Vor langer Zeit, lang bevor ich eine leidende Künstlerin wurde, die von Sehnsucht geplagt, aber unfähig zu dauerhaften Bindungen ist, lang davor war ich ein glorreicher Herrscher, der ein geteiltes Land vereinte – so sagte es die Wahrsagerin, die mir aus der Hand las. Große Dinge, sagte sie, liegen vor dir oder vielleicht hinter dir; man weiß es nicht genau. Doch würde das, fügte sie hinzu, einen Unterschied machen? In diesem Augenblick bist du ein Kind, das die Hand der Wahrsagerin hält. Alles andere ist Hypothese und Traum.

A SHARPLY WORDED SILENCE

Let me tell you something, said the old woman.
We were sitting, facing each other,
in the park at ______, a city famous for its wooden toys.

At the time, I had run away from a sad love affair,
and as a kind of penance or self-punishment, I was working
at a factory, carving by hand the tiny hands and feet.

The park was my consolation, particularly in the quiet hours
after sunset, when it was often abandoned.
But on this evening, when I entered what was called the Contessa's Garden,
I saw that someone had preceded me. It strikes me now
I could have gone ahead, but I had been
set on this destination; all day I had been thinking of the cherry trees
with which the glade was planted, whose time of blossoming had nearly ended.

We sat in silence. Dusk was falling,
and with it came a feeling of enclosure
as in a train cabin.

When I was young, she said, I liked walking the garden path at twilight
and if the path was long enough I would see the moon rise.
That was for me the great pleasure: not sex, not food, not worldly amusement.
I preferred the moon's rising, and sometimes I would hear,
at the same moment, the sublime notes of the final ensemble
of *The Marriage of Figaro*. Where did the music come from?
I never knew.

EIN SPITZES SCHWEIGEN

Lass mich dir etwas sagen, sprach die alte Frau.
Wir saßen einander gegenüber
im Park von ______, einer für ihr Holzspielzeug berühmten Stadt.

Damals war ich auf der Flucht vor einer unglücklichen Liebe,
und zur Buße oder Strafe arbeitete ich
in einer Fabrik, wo ich von Hand die winzigen Hände und Füße schnitzte.

Der Park war mein Trost, besonders in den stillen Stunden
nach Sonnenuntergang, wenn er meist verlassen war.
Doch an diesem Abend, als ich den Garten der Contessa, so hieß er, betrat,
sah ich, dass dort schon jemand saß. Jetzt fällt mir auf,
ich hätte weitergehen können, doch hatte ich
ihn mir zum Ziel genommen; den ganzen Tag war ich in Gedanken bei den Kirschbäumen,
mit denen die Lichtung bepflanzt und deren Blüte fast vorüber war.

Wir saßen schweigend. Die Dämmerung brach herein,
und mit ihr kam ein Gefühl von Eingeschlossensein
wie in einem Zugabteil.

Als ich jung war, sagte sie, lief ich im Dämmerlicht gern auf dem Gartenweg,
und war der Weg lang genug, sah ich den Mond aufgehen.
Das war für mich die große Lust: nicht Sex, nicht Essen, nicht weltlicher Genuss.
Der Mondaufgang bedeutete mir mehr und manchmal hörte ich
im selben Augenblick den herrlichen Klang des letzten Gesangs
aus der *Hochzeit des Figaro*. Woher kam die Musik?
Ich erfuhr es nie.

Because it is the nature of garden paths
to be circular, each night, after my wanderings,
I would find myself at my front door, staring at it,
barely able to make out, in darkness, the glittering knob.

It was, she said, a great discovery, albeit my real life.

But certain nights, she said, the moon was barely visible through the clouds
and the music never started. A night of pure discouragement.
And still the next night I would begin again, and often all would be well.

I could think of nothing to say. This story, so pointless as I write it out,
was in fact interrupted at every stage with trance-like pauses
and prolonged intermissions, so that by this time night had started.

Ah the capacious night, the night
so eager to accommodate strange perceptions. I felt that some important secret
was about to be entrusted to me, as a torch is passed
from one hand to another in a relay.

My sincere apologies, she said.
I had mistaken you for one of my friends.
And she gestured toward the statues we sat among,
heroic men, self-sacrificing saintly women
holding granite babies to their breasts.
Not changeable, she said, like human beings.

Weil es in der Natur der Gartenwege liegt,
im Kreis zu laufen, fand ich mich jeden Abend am Ende meiner Wanderungen
vor meiner Haustür wieder, blickte sie staunend an,
kaum imstande, im Dunkeln den glänzenden Knauf auszumachen.

Es war, sagte sie, eine große Entdeckung, wenn auch nur mein wahres Leben.

In manchen Nächten aber, sagte sie, war der Mond durch die Wolken
kaum zu sehen,
und die Musik spielte nicht. Eine Nacht tiefer Enttäuschung.
Und doch versuchte ich es am nächsten Abend wieder, und oft wurde alles gut.

Ich wusste nichts zu erwidern. Die Geschichte, so belanglos, da ich sie notiere,
war in Wirklichkeit von versonnenen Pausen
und langen Einschnitten ständig unterbrochen, sodass es Nacht geworden war.

Ah, weiträumige Nacht, Nacht,
die fremde Empfindung freudig umfasst. Ich fühlte, ein wichtiges Geheimnis
würde mir bald anvertraut wie eine Fackel,
die eine Hand zur nächsten reicht in einer Staffel.

Ich bitte um Verzeihung, sagte sie.
Ich hielt Sie für einen meiner Freunde.
Und sie wies auf die Statuen, bei denen wir saßen,
heldenhafte Männer, opferbereite heilige Frauen,
die Babys aus Granit an ihre Brüste pressten.
Nicht unbeständig wie die Menschen, sagte sie.

I gave up on them, she said.
But I never lost my taste for circular voyages.
Correct me if I'm wrong.

Above our heads, the cherry blossoms had begun
to loosen in the night sky, or maybe the stars were drifting,
drifting and falling apart, and where they landed
new worlds would form.

Soon afterward I returned to my native city
and was reunited with my former lover.
And yet increasingly my mind returned to this incident,
studying it from all perspectives, each year more intensely convinced,
despite the absence of evidence, that it contained some secret.
I concluded finally that whatever message there might have been
was not contained in speech – so, I realized, my mother used to speak to me,
her sharply worded silences cautioning me and chastising me –

and it seemed to me I had not only returned to my lover
but was now returning to the Contessa's Garden
in which the cherry trees were still blooming
like a pilgrim seeking expiation and forgiveness,

so I assumed there would be, at some point,
a door with a glittering knob,
but when this would happen and where I had no idea.

Die habe ich aufgegeben, sagte sie.
Doch verlor ich nie den Geschmack daran, im Kreis zu reisen.
Sagen Sie es, wenn ich mich irre.

Über unseren Köpfen begannen die Kirschblüten
sich in den Nachthimmel zu lösen, oder flimmerten dort die Sterne,
flimmerten und zerfielen, und wo sie landeten,
würden neue Welten wachsen.

Bald darauf kehrte ich zurück in die Stadt meiner Geburt
und versöhnte mich mit meinem früheren Geliebten.
Doch zog es mich in Gedanken mehr und mehr zu diesem Erlebnis,
ich besah es aus allen Winkeln und jedes Jahr mit der wachsenden Gewissheit,
wenn es auch keine Beweise gab, dass es ein Geheimnis barg.
Ich kam endlich zu dem Schluss, dass welche auch immer vorhandene Botschaft
nicht in den Worten lag – ich erkannte, dass meine Mutter so zu mir sprach,
ihr spitzes Schweigen warnte und strafte mich –

und es schien mir, als wäre ich nicht nur zu meinem Geliebten,
sondern auch zum Garten der Contessa zurückgekehrt,
wo die Kirschen noch blühten,
wie ein Pilger, der Sühne und Vergebung sucht;

und so nahm ich an, dass dort irgendwann
eine Tür mit glänzendem Knauf erschiene,
doch wann dies geschähe und wie, ich wusste es nicht.

VISITORS FROM ABROAD

1.

Sometime after I had entered
that time of life
people prefer to allude to in others
but not in themselves, in the middle of the night
the phone rang. It rang and rang
as though the world needed me,
though really it was the reverse.

I lay in bed, trying to analyze
the ring. It had
my mother's persistence and my father's
pained embarrassment.

When I picked it up, the line was dead.
Or was the phone working and the caller dead?
Or was it not the phone, but the door perhaps?

2.

My mother and father stood in the cold
on the front steps. My mother stared at me,
a daughter, a fellow female.
You never think of us, she said.

BESUCH AUS DER FREMDE

1.

Eines Nachts, nachdem ich in
jene Lebensphase eingetreten war,
auf die man lieber bei anderen verweist
als bei sich selbst, klingelte plötzlich
das Telefon. Es klingelte und klingelte,
als brauchte mich die Welt,
auch wenn es in Wahrheit umgekehrt war.

Ich lag im Bett, versuchte
das Klingeln zu deuten. Es hatte
die Hartnäckigkeit meiner Mutter und
die gequälte Befangenheit meines Vaters.

Als ich abhob, war die Leitung tot.
Oder ging das Telefon, und der Anrufer war tot?
Oder war es nicht das Telefon, sondern vielleicht die Tür?

2.

Mutter und Vater standen in der Kälte
auf der Treppe. Meine Mutter starrte mich an,
eine Tochter, eine Artgenossin.
Nie denkst du an uns, sagte sie.

We read your books when they reach heaven.
Hardly a mention of us anymore, hardly a mention of your sister.
And they pointed to my dead sister, a complete stranger,
tightly wrapped in my mother's arms.

But for us, she said, you wouldn't exist.
And your sister – you have your sister's soul.
After which they vanished, like Mormon missionaries.

3.

The street was white again,
all the bushes covered with heavy snow
and the trees glittering, encased with ice.

I lay in the dark, waiting for the night to end.
It seemed the longest night I had ever known,
longer than the night I was born.

I write about you all the time, I said aloud.
Every time I say »I,« it refers to you.

4.

Outside the street was silent.
The receiver lay on its side among the tangled sheets;
its peevish throbbing had ceased some hours before.

Wir lesen deine Bücher, wenn sie den Himmel erreichen.
Du erwähnst uns kaum noch, erwähnst kaum deine Schwester.
Und sie zeigten auf meine tote Schwester, eine völlig Fremde,
fest gewickelt im Arm meiner Mutter.

Ohne uns, sagte sie, gäbe es dich nicht.
Und deine Schwester – von ihr hast du die Seele.
Wonach sie verschwanden wie Mormonenmissionare.

3.

Wieder war die Straße weiß,
alle Sträucher mit schwerem Schnee beladen,
die Bäume glitzerten, in Eis gefasst.

Ich lag im Dunkeln, wartete auf das Ende der Nacht.
Es schien die längste Nacht meines Lebens,
länger als die Nacht, in der ich zur Welt kam.

Ich schreibe ständig über euch, sagte ich laut.
Jedes Mal, wenn ich »ich« sage, meine ich euch.

4.

Draußen war die Straße still.
Der Hörer lag seitlich im verknäuelten Laken;
sein vorwurfsvolles Pochen war vor Stunden verstummt.

I left it as it was,
its long cord drifting under the furniture.

I watched the snow falling,
not so much obscuring things
as making them seem larger than they were.

Who would call in the middle of the night?
Trouble calls, despair calls.
Joy is sleeping like a baby.

Ich ließ ihn dort,
die lange Schnur verlor sich unter Möbeln.

Ich sah dem Schnee zu, wie er fiel,
die Dinge weniger verdeckte,
denn sie größer machte, als sie waren.

Wer weckt uns mitten in der Nacht?
Ärger, Verzweiflung halten uns wach.
Freude schläft süß wie ein Kind.

ABORIGINAL LANDSCAPE

You're stepping on your father, my mother said,
and indeed I was standing exactly in the center
of a bed of grass, mown so neatly it could have been
my father's grave, although there was no stone saying so.

You're stepping on your father, she repeated,
louder this time, which began to be strange to me,
since she was dead herself; even the doctor had admitted it.

I moved slightly to the side, to where
my father ended and my mother began.

The cemetery was silent. Wind blew through the trees;
I could hear, very faintly, sounds of weeping several rows away,
and beyond that, a dog wailing.

At length these sounds abated. It crossed my mind
I had no memory of being driven here,
to what now seemed a cemetery, though it could have been
a cemetery in my mind only; perhaps it was a park, or if not a park,
a garden or bower, perfumed, I now realized, with the scent of roses –
douceur de vivre filling the air, the sweetness of living,
as the saying goes. At some point,

it occurred to me I was alone.
Where had the others gone,
my cousins and sister, Caitlin and Abigail?

URSPRÜNGLICHE LANDSCHAFT

Du trittst auf deinen Vater, sagte meine Mutter,
und tatsächlich stand ich genau in der Mitte
eines Grasbetts, so sauber gemäht, es hätte
das Grab meines Vaters sein können, auch wenn kein Stein dies besagte.

Du trittst auf deinen Vater, wiederholte sie,
diesmal lauter, was mir unheimlich wurde,
denn auch sie war tot; selbst der Arzt hatte es zugegeben.

Ich machte einen Schritt zur Seite, wo
mein Vater aufhörte und meine Mutter anfing.

Auf dem Friedhof war es still. Wind rauschte durch die Bäume;
ich konnte schwach ein Wimmern hören, einige Reihen weiter,
und von fern das Jaulen eines Hundes.

Schließlich verstummten die Laute. Es fiel mir ein,
ich konnte mich nicht erinnern, dass man mich hergefahren hatte,
an diesen Ort, der jetzt ein Friedhof schien, wenn auch vielleicht
nur in meinem Denken; es mag ein Park gewesen sein, und wenn kein Park,
ein Garten oder eine Laube, wo, so merkte ich jetzt, es nach Rosen duftete –
douceur de vivre lag in der Luft, die Süße des Lebens,
wie es heißt. Irgendwann

wurde mir klar, dass ich allein war.
Wo waren sie alle hin,
meine Cousinen und Schwester, Caitlin und Abigail?

By now the light was fading. Where was the car
waiting to take us home?

I then began seeking for some alternative. I felt
an impatience growing in me, approaching, I would say, anxiety.
Finally, in the distance, I made out a small train,
stopped, it seemed, behind some foliage, the conductor
lingering against a doorframe, smoking a cigarette.

Do not forget me, I cried, running now
over many plots, many mothers and fathers –

Do not forget me, I cried, when at last I reached him.
Madam, he said, pointing to the tracks,
surely you realize this is the end, the tracks do not go farther.
His words were harsh, and yet his eyes were kind;
this encouraged me to press my case harder.
But they go back, I said, and I remarked
their sturdiness, as though they had many such returns ahead of them.

You know, he said, our work is difficult: we confront
much sorrow and disappointment.
He gazed at me with increasing frankness.
I was like you once, he added, in love with turbulence.

Now I spoke as to an old friend:
What of you, I said, since he was free to leave,
have you no wish to go home,
to see the city again?

Indessen verblasste das Licht. Wo war das Auto,
das wartete, um uns nach Hause zu fahren?

Dann suchte ich eine andere Lösung. Ich fühlte
Ungeduld in mir wachsen, ich würde sagen, sich steigern zu Angst.
Ich erblickte in der Ferne endlich einen kleinen Zug,
der anhielt, schien es, hinter etwas Blattwerk, dessen Führer
am Türrahmen lehnte, eine Zigarette rauchend.

Vergessen Sie mich nicht, rief ich, rannte nun querfeldein
über viele Gräber, viele Mütter und Väter –

Vergessen Sie mich nicht, rief ich, als ich ihn endlich erreichte.
Gnädige Frau, sagte er und zeigte auf die Gleise,
Ihnen ist sicher bewusst, dass dies das Ende ist, die Gleise führen nicht weiter.
Seine Worte klangen schroff, doch hatte er freundliche Augen;
dies bestärkte mich in meinem Anliegen.
Aber sie führen doch zurück, sagte ich, und wies
auf ihren robusten Zustand, als hätten sie noch viele Rückfahrten vor sich.

Wissen Sie, sagte er, unsere Arbeit ist schwer: Wir erleben
viel Kummer und Enttäuschung.
Er schaute mich mit wachsender Offenheit an.
Ich war einmal wie Sie, fügte er hinzu, liebte es turbulent.

Jetzt sprach ich wie zu einem alten Freund:
Was ist mit dir, sagte ich, da es ihm freistand weiterzuziehen,
wünschst du dir nicht, nach Hause zu gehen,
die Stadt wiederzusehen?

This is my home, he said.
The city – the city is where I disappear.

Mein Zuhause, sagte er, ist hier.
Die Stadt – die Stadt ist, wo ich mich verlier.

UTOPIA

When the train stops, the woman said, you must get on it. But how will I know, the child asked, it is the right train? It will be the right train, said the woman, because it is the right time. A train approached the station; clouds of grayish smoke streamed from the chimney. How terrified I am, the child thinks, clutching the yellow tulips she will give to her grandmother. Her hair has been tightly braided to withstand the journey. Then, without a word, she gets on the train, from which a strange sound comes, not in a language like the one she speaks, something more like a moan or a cry.

UTOPIE

Wenn der Zug hält, sagte die Frau, musst du einsteigen. Aber woher weiß ich, fragte das Kind, dass es der richtige Zug ist? Es ist der richtige Zug, sagte die Frau, weil es die richtige Zeit ist. Ein Zug rollte auf den Bahnhof zu. Wolken grauen Rauchs quollen aus dem Schornstein. Wie sehr ich mich fürchte, denkt das Kind und umklammert die gelben Tulpen, die sie ihrer Großmutter mitbringen will. Ihr Haar ist streng geflochten, um die Reise zu überstehen. Dann steigt sie ohne ein Wort in den Zug, dem seltsame Klänge entweichen, nicht in einer Sprache, die wie ihre Sprache ist, eher wie ein Stöhnen oder Schrei.

CORNWALL

A word drops into the mist
like a child's ball into high grass
where it remains seductively
flashing and glinting until
the gold bursts are revealed to be
simply field buttercups.

Word/mist, word/mist: thus it was with me.
And yet, my silence was never total –

Like a curtain rising on a vista,
sometimes the mist cleared: alas, the game was over.
The game was over and the word had been
somewhat flattened by the elements
so it was now both recovered and useless.

I was renting, at the time, a house in the country.
Fields and mountains had replaced tall buildings.
Fields, cows, sunsets over the damp meadow.
Night and day distinguished by rotating birdcalls,
the busy murmurs and rustlings merging into
something akin to silence.

I sat, I walked about. When night came,
I went indoors. I cooked modest dinners for myself
by the light of candles.
Evenings, when I could, I wrote in my journal.

CORNWALL

Ein Wort versinkt im Nebel
wie der Ball eines Kindes im hohen Gras,
wo es liegen bleibt, verführerisch
blitzt und funkelt, bis
der Golderguss sich nur
als Butterblumen entpuppt.

Worte/Nebel, Worte/Nebel: So ging es mir.
Und doch verstummte ich nie ganz –

Wie ein Vorhang sich vor einer Aussicht hebt,
lichtete sich manchmal der Nebel: Nur leider war das Spiel schon aus.
Das Spiel war aus und das Wort
von den Elementen eingeebnet,
sodass es wieder verfügbar war, doch wertlos.

Ich mietete damals ein Haus auf dem Land.
Felder und Berge ersetzten die hohen Gebäude.
Felder, Kühe, Sonnenuntergänge über der feuchten Wiese.
Nacht und Tag unterschieden durch wechselnden Vogelsang,
geschäftiges Knistern und Knacken fließt ein in
etwas wie Stille.

Ich saß, ich lief umher. Wenn die Nacht anbrach,
ging ich ins Haus. Ich kochte mir bescheidene Mahle
bei Kerzenlicht.
Abends schrieb ich, wenn ich konnte, in mein Tagebuch.

Far, far away I heard cowbells
crossing the meadow.
The night grew quiet in its way.
I sensed the vanished words
lying with their companions,
like fragments of an unclaimed biography.

It was all, of course, a great mistake.
I was, I believed, facing the end:
like a fissure in a dirt road,
the end appeared before me –

as though the tree that confronted my parents
had become an abyss shaped like a tree, a black hole
expanding in the dirt, where by day
a simple shadow would have done.

It was, finally, a relief to go home.

When I arrived, the studio was filled with boxes.
Cartons of tubes, boxes of the various
objects that were my still lives,
the vases and mirrors, the blue bowl
I filled with wooden eggs.

As to the journal:
I tried. I persisted.
I moved my chair onto the balcony –

Von weit, weit her hörte ich Kuhglocken
über die Wiese ziehen.
Die Nacht wurde still auf ihre Weise.
Ich spürte, dass die verschollenen Worte
bei ihren Kameraden lagen
wie Teile einer unverwirklichten Biografie.

Es hatte sich alles als Fehler erwiesen.
Ich glaubte, ich sah dem Ende entgegen:
Wie ein Riss im Feldweg
brach es vor mir auf –

als wäre der Baum, der meinen Eltern im Weg stand,
zum baumförmigen Abgrund geworden, ein schwarzes Loch,
das sich in die Erde fraß, wo es am Tag
ein einfacher Schatten tat.

Schließlich war ich erleichtert, nach Hause zu fahren.

Als ich ankam, war das Studio mit Kisten gefüllt.
Kartons mit Schläuchen, Kisten mit verschiedenen
Gegenständen, die meine Stillleben waren,
die Vasen und Spiegel, die blaue Schale,
die ich mit Holzeiern füllte.

Was das Tagebuch betraf:
Ich versuchte es. Ich gab nicht nach.
Ich rückte meinen Stuhl auf den Balkon –

The streetlights were coming on,
lining the sides of the river.
The offices were going dark.
At the river's edge,
fog encircled the lights;
one could not, after a while, see the lights
but a strange radiance suffused the fog,
its source a mystery.

The night progressed. Fog
swirled over the lit bulbs.
I suppose that is where it was visible;
elsewhere, it was simply the way things were,
blurred where they had been sharp.

I shut my book.
It was all behind me, all in the past.

Ahead, as I have said, was silence.

I spoke to no one.
Sometimes the phone rang.

Day alternated with night, the earth and sky
taking turns being illuminated.

Die Straßenlaternen gingen an,
säumten die Ufer des Flusses.
Die Büros wurden dunkel.
Am Flussrand
umflutete Nebel die Laternen;
nach einer Weile waren die Laternen nicht zu sehen,
nur ein geheimnisvoller Glanz durchzog den Nebel,
sein Ursprung ein Rätsel.

Es wurde tiefe Nacht. Nebel
wirbelte um die Lichter,
denn dort wohl wurde er sichtbar;
woanders nahm man die Dinge so hin,
verschwommen, wo sie vorher scharf waren.

Ich schloss mein Buch.
Alles lag hinter mir, in der Vergangenheit.

Vor mir lag, wie ich sagte, Stille.

Ich sprach mit niemandem.
Dann und wann klingelte das Telefon.

Der Tag folgte auf die Nacht, und Erde und Himmel
wechselten sich mit Leuchten ab.

AFTERWORD

Reading what I have just written, I now believe
I stopped precipitously, so that my story seems to have been
slightly distorted, ending, as it did, not abruptly
but in a kind of artificial mist of the sort
sprayed onto stages to allow for difficult set changes.

Why did I stop? Did some instinct
discern a shape, the artist in me
intervening to stop traffic, as it were?

A shape. Or fate, as the poets say,
intuited in those few long-ago hours –

I must have thought so once.
And yet I dislike the term
which seems to me a crutch, a phase,
the adolescence of the mind, perhaps –

Still, it was a term I used myself,
frequently to explain my failures.
Fate, destiny, whose designs and warnings
now seem to me simply
local symmetries, metonymic
baubles within immense confusion –

Chaos was what I saw.
My brush froze – I could not paint it.

Darkness, silence: that was the feeling.

NACHWORT

Wenn ich lese, was ich eben schrieb, scheint es mir,
ich endete zu schnell, was meine Geschichte
leicht verfälscht, denn sie endete nun einmal nicht abrupt,
sondern in einer Art künstlichem Nebel, wie man ihn
für schwierige Umbauten auf die Bühne sprüht.

Warum hörte ich auf? Nahm ein Instinkt
einen Schatten wahr, griff der Künstler in mir
ein, um gleichsam den Verkehr zu stoppen?

Ein Schatten. Oder Schicksal, wie die Dichter sagen,
erahnt in einigen längst vergangenen Stunden –

So dachte ich wohl einmal.
Und dennoch stört mich der Begriff,
scheint eher Notbehelf aus einer Phase,
die Art zu denken in der Pubertät vielleicht –

Dabei benutzte auch ich den Begriff,
oft um mein Scheitern zu erklären.
Schicksal, Vorsehung, deren Voraussagen und Warnsignale
mir jetzt nur noch wie
begrenzte Muster scheinen, schmückendes
Beiwerk inmitten heilloser Verwirrung –

Chaos war, was ich sah.
Mein Pinsel wurde starr – ich konnte es nicht malen.

Dunkelheit, Stille: Das war das Gefühl.

What did we call it then?
A »crisis of vision« corresponding, I believed,
to the tree that confronted my parents,

but whereas they were forced
forward into the obstacle,
I retreated or fled –

Mist covered the stage (my life).
Characters came and went, costumes were changed,
my brush hand moved side to side
far from the canvas,
side to side, like a windshield wiper.

Surely this was the desert, the dark night.
(In reality, a crowded street in London,
the tourists waving their colored maps.)

One speaks a word: *I*.
Out of this stream
the great forms –

I took a deep breath. And it came to me
the person who drew that breath
was not the person in my story, his childish hand
confidently wielding the crayon –

Wie nannten wir es damals?
Eine »Sehenskrise«, die, so glaubte ich,
dem Baum entsprach, der meinen Eltern im Weg stand,

doch während sie etwas
ins Hindernis drängte,
wich ich zurück oder floh –

Nebel bedeckte die Bühne (mein Leben).
Figuren kamen und gingen, Kostüme wechselten,
meine Pinselhand strich hin und her,
weit weg von der Leinwand,
wie Scheibenwischer, hin und her.

Gewiss war dies die Wüste, die dunkle Nacht.
(Tatsächlich eine volle Straße in London,
wo Touristen mit bunten Stadtplänen wedeln.)

Man spricht ein Wort: *ich*.
Aus diesem strömen
die großen Formen –

Ich atmete tief durch. Und ich erkannte,
dass die Person, die diesen Atemzug tat,
nicht die Person in meiner Geschichte war, deren Kinderhand
beherzt den Malstift schwang –

Had I been that person? A child but also
an explorer to whom the path is suddenly clear, for whom
the vegetation parts –

And beyond, no longer screened from view, that exalted
solitude Kant perhaps experienced
on his way to the bridges –
(We share a birthday.)

Outside, the festive streets
were strung, in late January, with exhausted Christmas lights.
A woman leaned against her lover's shoulder
singing Jacques Brel in her thin soprano –

Bravo! the door is shut.
Now nothing escapes, nothing enters –

I hadn't moved. I felt the desert
stretching ahead, stretching (it now seems)
on all sides, shifting as I speak,

so that I was constantly
face-to-face with blankness, that
stepchild of the sublime,

which, it turns out,
has been both my subject and my medium.

War ich einmal diese Person? Ein Kind, doch auch
ein Entdecker, dem der Pfad sich plötzlich zeigt, für den
das Pflanzenreich weicht –

Und jenseits davon, dem Blick nicht mehr verstellt, die erhabene
Einsamkeit, die Kant vielleicht
auf seinem Weg zu den Brücken erfuhr –
(Wir haben den gleichen Geburtstag.)

Draußen waren die festlichen Straßen
Ende Januar mit erschöpften Weihnachtslichtern überspannt.
Eine Frau lehnte an der Schulter ihres Geliebten
und sang Jacques Brel in dünnem Sopran –

Bravo! Die Tür ist zu.
Nichts geht mehr hinaus, nichts kommt herein –

Ich rührte mich nicht. Ich spürte, wie sich vorn die Wüste
erstreckte, sich (so scheint es jetzt)
nach allen Seiten erstreckte, sich bewegte, während ich sprach,

sodass ich mich stets
der Leere gegenüber sah, dem
Stiefkind des Erhabenen,

das, wie sich erweist,
sowohl mein Thema ist als auch mein Mittel.

What would my twin have said, had my thoughts
reached him?

Perhaps he would have said
in my case there was no obstacle (for the sake of argument)
after which I would have been

referred to religion, the cemetery where
questions of faith are answered.

The mist had cleared. The empty canvases
were turned inward against the wall.

The little cat is dead (so the song went).

Shall I be raised from death, the spirit asks.
And the sun says yes.
And the desert answers
your voice is sand scattered in wind.

Was hätte mein Zwilling gesagt, hätten ihn
meine Gedanken erreicht?

Vielleicht hätte er gesagt,
dass es ein Hindernis für mich nicht gab (zum Zweck eines Streits),
wonach er mich

auf die Religion verwiesen hätte, den Friedhof, wo
Fragen des Glaubens Antwort finden.

Der Nebel hatte sich gelichtet. Die leeren Leinwände
lehnten nach innen an der Wand.

Das Kätzchen ist tot (so hieß es im Lied).

Werde ich vom Tode auferstehen, fragt der Geist.
Und die Sonne sagt Ja.
Und die Wüste erwidert,
deine Stimme ist Sand, den der Wind verweht.

MIDNIGHT

At last the night surrounded me;
I floated on it, perhaps in it,
or it carried me as a river carries
a boat, and at the same time
it swirled above me,
star-studded but dark nevertheless.

These were the moments I lived for.
I was, I felt, mysteriously lifted above the world
so that action was at last impossible
which made thought not only possible but limitless.

It had no end. I did not, I felt,
need to do anything. Everything
would be done for me, or done to me,
and if it was not done, it was not
essential.

I was on my balcony.
In my right hand I held a glass of Scotch
in which two ice cubes were melting.

Silence had entered me.
It was like the night, and my memories – they were like stars
in that they were fixed, though of course
if one could see as do the astronomers
one would see they are unending fires, like the fires of hell.
I set my glass on the iron railing.

MITTERNACHT

Endlich umfing mich die Nacht;
ich schwebte auf ihr, vielleicht in ihr,
oder sie trug mich, wie ein Fluss
ein Boot trägt, und
wirbelte gleichzeitig über mir,
mit Sternen übersät und dennoch finster.

Für diese Augenblicke lebte ich.
Ich war, so fühlte ich, geheimnisvoll über die Welt erhoben,
sodass alles Tun endlich unmöglich war,
was das Denken nicht nur möglich machte, sondern grenzenlos.

Es hatte kein Ende. Es schien, ich brauchte
nichts zu tun. Alles
würde für mich getan oder mir angetan,
und würde es nicht getan, so wäre es nicht
von Bedeutung.

Ich stand auf meinem Balkon,
hielt ein Glas Scotch in meiner rechten Hand,
in dem zwei Eiswürfel schmolzen.

Stille war in mich eingekehrt.
Sie war wie die Nacht, und meine Erinnerungen – sie waren den Sternen gleich
in ihrer Unverrückbarkeit. Wenn man sie natürlich
sehen könnte wie die Astronomen,
sähe man sie als nicht endende Feuer, wie Höllenfeuer.
Ich stellte mein Glas auf das Eisengeländer.

Below, the river sparkled. As I said,
everything glittered – the stars, the bridge lights, the important
illumined buildings that seemed to stop at the river
then resume again, man's work
interrupted by nature. From time to time I saw
the evening pleasure boats; because the night was warm,
they were still full.

This was the great excursion of my childhood.
The short train ride culminating in a gala tea by the river,
then what my aunt called our promenade,
then the boat itself that cruised back and forth over the dark water –

The coins in my aunt's hand passed into the hand of the captain.
I was handed my ticket, each time a fresh number.
Then the boat entered the current.

I held my brother's hand.
We watched the monuments succeeding one another
always in the same order
so that we moved into the future
while experiencing perpetual recurrences.

The boat traveled up the river and then back again.
It moved through time and then
through a reversal of time, though our direction
was forward always, the prow continuously
breaking a path in the water.

Unten glänzte der Fluss. Wie ich schon sagte,
glitzerte alles – die Sterne, die Brückenlichter, die mächtigen
erleuchteten Gebäude, die am Fluss zu enden,
sich dann fortzusetzen schienen, das Werk des Menschen
unterbrochen von der Natur. Zuweilen sah ich
die abendlichen Vergnügungsboote; weil die Nacht warm war,
waren sie noch voll.

Dies war der große Ausflug meiner Kindheit.
Der kurzen Zugfahrt schloss sich eine Teegesellschaft an am Fluss,
danach was meine Tante unsere Promenade nannte,
dann das Boot selbst, das auf dem dunklen Wasser auf und ab kreuzte –

Die Münzen wanderten aus der Hand meiner Tante in die Hand des Kapitäns.
Man gab mir meine Fahrkarte, jedes Mal mit einer neuen Nummer.
Dann legte das Boot sich in die Strömung.

Ich hielt die Hand meines Bruders.
Wir sahen zu, wie ein Denkmal dem anderen folgte,
immer in derselben Reihe,
sodass wir uns in die Zukunft bewegten,
während wir stets Wiederkehrendes erlebten.

Das Boot fuhr den Fluss hinauf und wieder hinab.
Es bewegte sich durch die Zeit und danach
durch die umgekehrte Zeit, wobei die Richtung
immer vorwärts war, der Bug beständig
einen Weg durchs Wasser brach.

It was like a religious ceremony
in which the congregation stood
awaiting, beholding,
and that was the entire point, the beholding.

The city drifted by,
half on the right side, half on the left.

See how beautiful the city is,
my aunt would say to us. Because
it was lit up, I expect. Or perhaps because
someone had said so in the printed booklet.

Afterward we took the last train.
I often slept, even my brother slept.
We were country children, unused to these intensities.
You boys are spent, my aunt said,
as though our whole childhood had about it
an exhausted quality.
Outside the train, the owl was calling.

How tired we were when we reached home.
I went to bed with my socks on.

The night was very dark.
The moon rose.
I saw my aunt's hand gripping the railing.

Es war wie ein religiöses Ritual,
bei dem die Gemeinde erwartungsvoll
dastand, vertieft in Betrachtung,
und die Betrachtung ihr einziger Zweck war.

Die Stadt trieb vorbei,
halb auf der rechten Seite, halb auf der linken.

Schaut, wie schön die Stadt ist,
sagte meine Tante dann zu uns. Weil
sie leuchtete, nehme ich an. Oder vielleicht weil
sie jemand in der Broschüre so beschrieben hatte.

Danach nahmen wir den letzten Zug.
Ich schlief meistens, selbst mein Bruder schlief.
Wir waren Kinder vom Land und so viel Neues nicht gewohnt.
Ihr Jungen seid erledigt, sagte meine Tante,
als hätte unsere ganze Kindheit
etwas Erschöpftes.
Draußen vorm Zug rief eine Eule.

Wie müde wir waren, als wir nach Hause kamen.
Ich ging noch mit Socken ins Bett.

Die Nacht war sehr dunkel.
Der Mond ging auf.
Ich sah die Hand meiner Tante das Geländer umklammern.

In great excitement, clapping and cheering,
the others climbed onto the upper deck
to watch the land disappear into the ocean –

Mit Begeisterung, Händeklatschen und großem Hurra
kletterten die anderen aufs Oberdeck,
um zuzuschauen, wie das Land versank im Ozean –

THE SWORD IN THE STONE

My analyst looked up briefly.
Naturally I couldn't see him
but I had learned, in our years together,
to intuit these movements. As usual,
he refused to acknowledge
whether or not I was right. My ingenuity versus
his evasiveness: our little game.

At such moments, I felt the analysis
was flourishing: it seemed to bring out in me
a sly vivaciousness I was
inclined to repress. My analyst's
indifference to my performances
was now immensely soothing. An intimacy

had grown up between us
like a forest around a castle.

The blinds were closed. Vacillating
bars of light advanced across the carpeting.
Through a small strip above the windowsill,
I saw the outside world.

All this time I had the giddy sensation
of floating above my life. Far away
that life occurred. But was it
still occurring: that was the question.

DAS SCHWERT IM STEIN

Mein Analytiker blickte kurz auf.
Natürlich konnte ich ihn nicht sehen,
doch hatte ich in den gemeinsamen Jahren gelernt,
diese Regungen zu erraten. Wie üblich
weigerte er sich zu bestätigen,
ob ich recht hatte oder nicht. Mein Gespür gegen
sein Ausweichen: unser kleines Spiel.

In solchen Momenten empfand ich die Analyse
als fruchtbar: Sie schien in mir
eine gewiefte Lebendigkeit zu befördern, die ich
zu unterdrücken neigte. Die Gleichgültigkeit
meines Analytikers gegenüber meinen Kunststückchen
war mir inzwischen sehr angenehm. Eine Vertrautheit

war zwischen uns gewachsen
wie ein Wald um ein Schloss.

Die Jalousien waren geschlossen. Flimmernde
Lichtstreifen rückten auf dem Teppich voran.
Durch einen schmalen Spalt über der Fensterbank
sah ich die Außenwelt.

Die ganze Zeit hatte ich das berauschte Gefühl,
über meinem Leben zu schweben. Weit weg
spielte sich jenes Leben ab. Doch spielte es
sich noch ab: Das war die Frage.

Late summer: the light was fading.
Escaped shreds flickered over the potted plants.

The analysis was in its seventh year.
I had begun to draw again –
modest little sketches, occasional
three-dimensional constructs
modeled on functional objects –

And yet, the analysis required
much of my time. From what
was this time deducted: that
was also the question.

I lay, watching the window,
long intervals of silence alternating
with somewhat listless ruminations
and rhetorical questions –

My analyst, I felt, was watching me.
So, in my imagination, a mother stares at her sleeping child,
forgiveness preceding understanding.

Or, more likely, so my brother must have gazed at me –
perhaps the silence between us prefigured
this silence, in which everything that remained unspoken
was somehow shared. It seemed a mystery.

Then the hour was over.

Spätsommer: Das Licht verblasste.
Flüchtige Fetzen flackerten über die Topfpflanzen.

Die Analyse war im siebten Jahr.
Ich hatte wieder begonnen zu malen –
einfache, kleine Skizzen, gelegentliche
dreidimensionale Nachbildungen
praktischer Gegenstände –

Und doch verlangte die Analyse
viel von meiner Zeit. Wovon
die Zeit abging: Auch das
war die Frage.

Ich lag, betrachtete das Fenster,
lange Phasen des Schweigens wechselten
mit recht trägen Grübeleien
und rhetorischen Fragen ab –

Mein Analytiker, fühlte ich, betrachtete mich.
So, male ich mir aus, schaut eine Mutter auf ihr schlafendes Kind,
Vergeben waltet vor Verstehen.

Wohl eher sah mich so mein Bruder an –
vielleicht ging unser Schweigen
diesem Schweigen voran, worin das Ungesagte
auf eine Weise das Gemeinsame war. Es schien ein Geheimnis.

Dann war die Stunde vorbei.

I descended as I had ascended;
the doorman opened the door.

The mild weather of the day had held.
Above the shops, striped awnings had unfurled
protecting the fruit.

Restaurants, shops, kiosks
with late newspapers and cigarettes.
The insides grew brighter
as the outside grew darker.

Perhaps the drugs were working?
At some point, the streetlights came on.

I felt, suddenly, a sense of cameras beginning to turn;
I was aware of movement around me, my fellow beings
driven by a mindless fetish for action –

How deeply I resisted this!
It seemed to me shallow and false, or perhaps
partial and false –
Whereas truth – well, truth as I saw it
was expressed as stillness.

I walked awhile, staring into the windows of the galleries –
my friends had become famous.

Ich stieg hinab, wie ich heraufgestiegen war;
der Portier öffnete die Tür.

Das milde Wetter des Tages hielt an.
Über den Geschäften waren gestreifte Markisen ausgefahren,
um das Obst zu schützen.

Restaurants, Geschäfte, Kiosks
mit Abendblättern und Zigaretten.
Das Innere hellte auf,
während das Außen sich verdunkelte.

Wirkten etwa die Medikamente?
Irgendwann gingen die Straßenlaternen an.

Ich hatte plötzlich ein Gefühl, als schwenkten Kameras um;
ich bemerkte Bewegung um mich herum, meine Mitmenschen
blind getrieben vom Fetisch der Geschäftigkeit –

Wie sehr ich mich dagegen sträubte!
Es schien mir seicht und falsch oder vielleicht
einseitig und falsch –
Wogegen Wahrheit – oder was ich für Wahrheit hielt –,
sich als Stille zeigte.

Ich lief eine Weile, schaute die Fenster der Kunsthandlungen an –
meine Freunde hatten Berühmtheit erlangt.

I could hear the river in the background,
from which came the smell of oblivion
interlaced with potted herbs from the restaurants –

I had arranged to join an old acquaintance for dinner.
There he was at our accustomed table;
the wine was poured; he was engaged with the waiter,
discussing the lamb.

As usual, a small argument erupted over dinner, ostensibly
concerning aesthetics. It was allowed to pass.

Outside, the bridge glittered.
Cars rushed back and forth, the river
glittered back, imitating the bridge. Nature
reflecting art: something to that effect.
My friend found the image potent.

He was a writer. His many novels, at the time,
were much praised. One was much like another.
And yet his complacency disguised suffering
as perhaps my suffering disguised complacency.
We had known each other many years.

Once again, I had accused him of laziness.
Once again, he flung the word back –

Ich konnte den Fluss von ferne hören,
der die Witterung des Vergessens verströmte,
vermengt mit eingetopften Kräutern aus den Restaurants –

Ich schloss mich einem alten Bekannten zum Abendessen an.
Dort saß er an unserem gewohnten Tisch;
der Wein wurde eingeschenkt; er plauderte mit dem Kellner,
sprach über das Lamm.

Wie immer brach ein kleiner Streit beim Essen aus, vorgeblich
ging es um Ästhetik. Man beruhigte sich bald.

Draußen glitzerte die Brücke.
Autos flitzten hin und her, der Fluss
glitzerte, imitierte die Brücke. Natur
als Spiegelung der Kunst: So hieß es wohl.
Mein Freund fand das Bild sehr wirkungsvoll.

Er war Schriftsteller. Seine zahlreichen Romane wurden damals
sehr gelobt. Einer glich dem anderen.
Doch hinter seiner Selbstgefälligkeit verbarg sich Leid,
wie hinter meinem Leid vielleicht die Selbstgefälligkeit.
Wir kannten uns seit vielen Jahren.

Und wieder warf ich ihm Faulheit vor.
Und wieder wies er das Wort scharf zurück –

He raised his glass and turned it upside-down.
This is your purity, he said,
this is your perfectionism –
The glass was empty; it left no mark on the tablecloth.

The wine had gone to my head.
I walked home slowly, brooding, a little drunk.
The wine had gone to my head, or was it
the night itself, the sweetness at the end of summer?

It is the critics, he said,
the critics have the ideas. We artists
(he included me) – we artists
are just children at our games.

Er hob sein Glas und stellte es auf den Kopf.
Das ist dein Purismus, sagte er,
das ist dein Perfektionismus –
Das Glas war leer; es ließ keine Spur auf dem Tischtuch.

Der Wein war mir zu Kopf gestiegen.
Ich lief nach Hause, langsam, grübelnd, leicht beschwipst.
Der Wein war mir zu Kopf gestiegen oder war es
die Nacht, so süß am Ende des Sommers?

Die Kritiker, sagte er,
lass den Kritikern die Ideen. Wir Künstler
(er schloss mich ein) – wir Künstler
sind nur Kinder bei unseren Spielen.

FORBIDDEN MUSIC

After the orchestra had been playing for some time, and had passed the andante, the scherzo, the poco adagio, and the first flautist had put his head on the stand because he would not be needed until tomorrow, there came a passage that was called the forbidden music because it could not, the composer specified, be played. And still it must exist and be passed over, an interval at the discretion of the conductor. But tonight, the conductor decides, it must be played – he has a hunger to make his name. The flautist wakes with a start. Something has happened to his ears, something he has never felt before. His sleep is over. Where am I now, he thinks. And then he repeated it, like an old man lying on the floor instead of in his bed. Where am I now?

VERBOTENE MUSIK

Nachdem das Orchester schon eine Weile gespielt hatte, das Andante, das Scherzo, das Poco Adagio geschafft waren und der erste Flötist seinen Kopf auf den Notenständer gelegt hatte, weil er bis zum nächsten Tag nicht mehr gebraucht würde, kam eine Passage, die hieß die verbotene Musik, weil sie, so führte der Komponist aus, unspielbar sei. Und trotzdem muss sie berücksichtigt und ausgelassen werden, eine Zeitspanne im Ermessen des Dirigenten. Doch an diesem Abend, entscheidet der Dirigent, soll sie gespielt werden – es drängt ihn, sich einen Namen zu machen. Der Flötist schreckt aus seinem Schlaf auf. Etwas ist mit seinen Ohren geschehen, etwas, das er noch nie erlebt hat. Mit dem Schlafen ist es vorbei. Wo bin ich nur, denkt er. Und dann wiederholte er es wie ein alter Mann, der am Boden liegt anstatt in seinem Bett. Wo bin ich nur?

THE OPEN WINDOW

An elderly writer had formed the habit of writing the words THE END on a piece of paper before he began his stories, after which he would gather a stack of pages, typically thin in winter when the daylight was brief, and comparatively dense in summer when his thought became again loose and associative, expansive like the thought of a young man. Regardless of their number, he would place these blank pages over the last, thus obscuring it. Only then would the story come to him, chaste and refined in winter, more free in summer. By these means he had become an acknowledged master.

He worked by preference in a room without clocks, trusting the light to tell him when the day was finished. In summer, he liked the window open. How then, in summer, did the winter wind enter the room? You are right, he cried out to the wind, this is what I have lacked, this decisiveness and abruptness, this surprise – O, if I could do this I would be a god! And he lay on the cold floor of the study watching the wind stirring the pages, mixing the written and unwritten, the end among them.

DAS OFFENE FENSTER

Ein alternder Schriftsteller hatte sich angewöhnt, das Wort ENDE auf ein Blatt Papier zu schreiben, bevor er seine Geschichten begann, wonach er einen Stapel Papier sammelte, eher dünn im Winter, wenn das Tageslicht kurz war, und vergleichsweise dick im Sommer, wenn sein Denken sich wieder löste und weitete, ausschweifte wie das Denken eines jungen Mannes. Ungeachtet ihrer Zahl legte er die leeren Seiten auf die letzte und verdeckte sie so. Nur dann fiel ihm eine Geschichte ein, verhalten und vornehm im Winter, freier im Sommer. Auf diese Weise war er zu einem geachteten Meister geworden.

Er arbeitete vorzugsweise in einem Zimmer ohne Uhren, vertraute darauf, dass das Licht ihm zeigte, wenn der Tag zur Neige ging. Im Sommer ließ er das Fenster gern offen. Wie geschah es also, dass der Winterwind im Sommer ins Zimmer blies? Du hast ja recht, schrie er in den Wind, das ist, was mir gefehlt hat, dieses Entschlossene und Schlagartige, dieses Unvorhersagbare – Oh, wäre ich dazu fähig, so wäre ich ein Gott! Und er lag auf dem kalten Boden seiner Schreibstube und sah zu, wie der Wind die Seiten aufwirbelte, die beschriebenen mit den unbeschriebenen mischte, darunter auch das Ende.

THE MELANCHOLY ASSISTANT

I had an assistant, but he was melancholy,
so melancholy it interfered with his duties.
He was to open my letters, which were few,
and answer those that required answers,
leaving a space at the bottom for my signature.
And under my signature, his own initials,
in which formality, at the outset, he took great pride.
When the phone rang, he was to say
his employer was at the moment occupied,
and offer to convey a message.

After several months, he came to me.
Master, he said (which was his name for me),
I have become useless to you; you must turn me out.
And I saw that he had packed his bags
and was prepared to go, though it was night
and the snow was falling. My heart went out to him.
Well, I said, if you cannot perform these few duties,
what can you do? And he pointed to his eyes,
which were full of tears. I can weep, he said.
Then you must weep for me, I told him,
as Christ wept for mankind.

DER MELANCHOLISCHE ASSISTENT

Ich hatte einen Assistenten, doch der war melancholisch,
so melancholisch, es hielt ihn von seinen Pflichten ab.
Er sollte meine Briefe öffnen, einige wenige,
und die beantworten, die einer Antwort bedurften,
dabei Platz lassen für meine Unterschrift.
Und unter meinen Namen seine Initialen setzen,
eine Formalität, die zu Beginn sein ganzer Stolz war.
Wenn das Telefon klingelte, sollte er sagen,
sein Arbeitgeber sei gerade beschäftigt,
und anbieten, eine Nachricht zu übermitteln.

Nach einigen Monaten kam er zu mir.
Meister, sagte er (so nannte er mich),
ich bin Euch nicht mehr von Nutzen; Ihr müsst mich entlassen.
Und ich sah, er hatte seine Koffer gepackt
und stand im Begriff zu gehen, obwohl es Nacht war
und der Schnee fiel. Ich hatte Mitleid mit ihm.
Also gut, sagte ich, wenn du diese wenigen Pflichten nicht erfüllen kannst,
was kannst du dann? Und er zeigte auf seine Augen,
die voller Tränen standen. Ich kann weinen, sagte er.
Dann sollst du um mich weinen, wies ich ihn an,
wie Christus um die Menschheit weinte.

Still he was hesitant.
Your life is enviable, he said;
what must I think of when I cry?
And I told him of the emptiness of my days,
and of time, which was running out,
and of the meaninglessness of my achievement,
and as I spoke I had the odd sensation
of once more feeling something
for another human being –

He stood completely still.
I had lit a small fire in the fireplace;
I remember hearing the contented murmurs of the dying logs –

Master, he said, you have given
meaning to my suffering.

It was a strange moment.
The whole exchange seemed both deeply fraudulent
and profoundly true, as though such words as emptiness and meaninglessness
had stimulated some remembered emotion
which now attached itself to this occasion and person.

His face was radiant. His tears glinted
red and gold in the firelight.
Then he was gone.

Immer noch zögerte er.
Ihr seid um Euer Leben zu beneiden, sagte er;
woran soll ich denn denken, wenn ich weine?
Und ich erzählte ihm von der Leere meiner Tage
und von der Zeit, die ablief,
und von der Bedeutungslosigkeit meiner Errungenschaften,
und während ich sprach, hatte ich das ungewohnte Gefühl,
noch einmal etwas zu empfinden
für einen anderen Menschen –

Er rührte sich nicht.
Ich hatte im Kamin ein kleines Feuer angezündet;
ich erinnere mich, ich lauschte dem zufriedenen Knistern der sterbenden Holzscheite –

Meister, sagte er, Ihr habt
meinem Leiden einen Sinn gegeben.

Es war ein seltsamer Moment.
Das ganze Gespräch schien zutiefst trügerisch
wie auch höchst aufrichtig, als hätten Worte wie Leere und Bedeutungslosigkeit
in der Erinnerung ein Gefühl gefunden
und es mit dieser Situation und Person verbunden.

Sein Antlitz leuchtete. Seine Tränen glitzerten
rot und golden im Schein des Feuers.
Dann war er fort.

Outside the snow was falling,
the landscape changing into a series
of bland generalizations
marked here and there with enigmatic
shapes where the snow had drifted.
The street was white, the various trees were white –
Changes of the surface, but is that not really
all we ever see?

Draußen fiel der Schnee,
die Landschaft verwandelte sich in eine Reihe
blasser Flächen,
hier und da markiert von rätselhafter
Form, wo Schnee sich häufte.
Die Straße war weiß, die Bäume waren alle weiß –
Veränderungen an der Oberfläche, doch ist das ohnehin nicht
alles, was wir jemals sehen?

A FORESHORTENED JOURNEY

I found the stairs somewhat more difficult than I had expected and so I sat down, so to speak, in the middle of the journey. Because there was a large window opposite the railing, I was able to entertain myself with the little dramas and comedies of the street outside, though no one I knew passed by, no one, certainly, who could have assisted me. Nor were the stairs themselves in use, as far as I could see. You must get up, my lad, I told myself. Since this seemed suddenly impossible, I did the next best thing: I prepared to sleep, my head and arms on the stair above, my body crouched below. Sometime after this, a little girl appeared at the top of the staircase, holding the hand of an elderly woman. Grandmother, cried the little girl, there is a dead man on the staircase! We must let him sleep, said the grandmother. We must walk quietly by. He is at that point in life at which neither returning to the beginning nor advancing to the end seems bearable; therefore, he has decided to stop, here, in the midst of things, though this makes him an obstacle to others, such as ourselves. But we must not give up hope; in my own life, she continued, there was such a time, though that was long ago. And here, she let her granddaughter walk in front of her so they could pass me without disturbing me.

I would have liked to hear the whole of her story, since she seemed, as she passed by, a vigorous woman, ready to take pleasure in life, and at the same time forthright, without illusions. But soon their voices faded into whispers, or they were far away. Will we see him when we return, the child murmured. He will be long gone by then, said her grandmother, he will have finished climbing up or down, as the case may be. Then I will say goodbye now, said the little girl. And she knelt below me, chanting a prayer I recognized as the Hebrew prayer for the dead. Sir, she whispered, my grandmother tells me you are not dead, but I thought perhaps this would

EINE VERKÜRZTE REISE

Ich fand die Treppen beschwerlicher als erwartet und setzte mich daher hin, gewissermaßen mitten auf der Reise. Da sich dem Geländer gegenüber ein großes Fenster befand, konnte ich mich mit den kleinen Lust- und Trauerspielen draußen auf der Straße unterhalten, wenn auch niemand vorbeiging, den ich kannte, und schon gar niemand, der mir hätte helfen können. Noch wurde die Treppe benutzt, soweit ich das feststellen konnte. Du musst aufstehen, mein Junge, sagte ich mir. Da dies plötzlich unmöglich schien, tat ich das Nächstbeste: Ich richtete mich zum Schlafen ein, legte Kopf und Arme auf die Stufe über mir, mein Körper, gekrümmt, darunter. Einige Zeit später erschien ein kleines Mädchen am oberen Ende der Treppe und hielt die Hand einer älteren Frau. Großmutter, rief das kleine Mädchen, da liegt ein toter Mann auf der Treppe! Wir müssen ihn schlafen lassen, sagte die Großmutter. Wir müssen leise vorbeigehen. Er hat die Stufe im Leben erreicht, wo man es weder erträgt, zum Anfang zurückzukehren, noch zum Ende zu kommen; darum hat er beschlossen innezuhalten, hier, mittendrin, obwohl er uns anderen dadurch im Weg ist. Doch dürfen wir die Hoffnung nicht aufgeben; auch in meinem Leben, fuhr sie fort, gab es so eine Zeit, aber das ist schon lange her. Und an dieser Stelle schickte sie ihre Enkelin vor, sodass sie an mir vorbeikonnten, ohne mich zu stören.

Gern hätte ich ihre Geschichte ganz gehört, denn im Vorbeigehen schien sie eine beherzte Frau zu sein, die ihr Leben zu genießen weiß, zugleich den Dingen ins Auge schaut und sich nichts vormacht. Doch schon bald lösten sich ihre Stimmen in Flüstern auf, oder sie waren weit entfernt. Werden wir ihn sehen, wenn wir zurückkommen, sprach leise das Kind. Dann wird er schon lange fort sein, sagte die Großmutter, am Ende mit dem Auf- oder Absteigen, je nachdem. Dann will ich mich jetzt verabschieden, sagte das kleine Mädchen. Und sie kniete sich zu mir hin und sang ein Gebet, in dem ich das hebräische Totengebet erkannte. Mein Herr, flüsterte sie, meine

soothe you in your terrors, and I will not be here to sing it at the right time.

When you hear this again, she said, perhaps the words will be less intimidating, if you remember how you first heard them, in the voice of a little girl.

Großmutter sagt, Sie seien noch nicht tot, aber ich dachte, es könnte Ihre Qualen lindern, und ich werde nicht hier sein, um es zur rechten Zeit zu singen.

Wenn Sie dies wieder hören, sagte sie, machen Ihnen die Worte vielleicht weniger Angst, wenn Sie sich erinnern, wie Sie sie zum ersten Mal hörten, aus dem Mund eines kleinen Mädchens.

APPROACH OF THE HORIZON

One morning I awoke unable to move my right arm.
I had, periodically, suffered from considerable
pain on that side, in my painting arm,
but in this instance there was no pain.
Indeed, there was no feeling.

My doctor arrived within the hour.
There was immediately the question of other doctors,
various tests, procedures –
I sent the doctor away
and instead hired the secretary who transcribes these notes,
whose skills, I am assured, are adequate to my needs.
He sits beside the bed with his head down,
possibly to avoid being described.

So we begin. There is a sense
of gaiety in the air,
as though birds were singing.
Through the open window come gusts of sweet scented air.

My birthday (I remember) is fast approaching.
Perhaps the two great moments will collide
and I will see my selves meet, coming and going –
Of course, much of my original self
is already dead, so a ghost would be forced
to embrace a mutilation.

ANFLUG DES HORIZONTS

Eines Morgens erwachte ich und konnte meinen rechten Arm nicht bewegen.
Ich hatte bisweilen an starken
Schmerzen auf dieser Seite gelitten, in meinem Malarm,
doch diesmal fühlte ich keinen Schmerz.
Ich hatte überhaupt kein Gefühl.

Mein Doktor kam vor Ablauf einer Stunde.
Gleich wurde die Frage nach weiteren Ärzten aufgeworfen,
diversen Tests, Behandlungen –
Ich schickte den Doktor fort
und suchte mir stattdessen einen Sekretär zum Aufzeichnen dieser Notizen,
dessen Können, versichert man mir, meinen Bedürfnissen genügen werde.
Er sitzt am Bett, den Kopf gesenkt,
vielleicht um nicht beschrieben zu werden.

Also beginnen wir. Eine Spur
von Heiterkeit liegt in der Luft,
als sängen die Vögel.
Durchs offene Fenster weht der Wind mit süßem Duft.

Schon bald (erinnere ich mich) ist mein Geburtstag.
Vielleicht stoßen die zwei großen Momente zusammen,
und ich sehe zu, wie meine Ichs sich begegnen, kommen und gehen –
Natürlich ist ein Großteil meines ersten Ichs
schon tot, sodass ein Geist wohl
einen Verstümmelten umarmen müsste.

The sky, alas, is still far away,
not really visible from the bed.
It exists now as a remote hypothesis,

a place of freedom utterly unconstrained by reality.
I find myself imagining the triumphs of old age,
immaculate, visionary drawings
made with my left hand –
»left,« also, as »remaining.«

The window is closed. Silence again, multiplied.
And in my right arm, all feeling departed.
As when the stewardess announces the conclusion
of the audio portion of one's in-flight service.

Feeling has departed – it occurs to me
this would make a fine headstone.

But I was wrong to suggest
this has occurred before.
In fact, I have been hounded by feeling;
it is the gift of expression
that has so often failed me.
Failed me, tormented me, virtually all my life.

Der Himmel, ach, liegt noch in weiter Ferne,
vom Bett nicht zu erkennen.
Es gibt ihn nur als abwegige Hypothese,

ein Ort der Freiheit, unversehrt von Wirklichkeit.
Ich fantasiere den Triumph des hohen Alters,
makellose, visionäre Zeichnungen
meiner übrigen linken Hand –
»übrig« auch wie »hinterblieben«.

Das Fenster ist geschlossen. Stille wieder, mehrt sich.
Und aus meinem rechten Arm alles Gefühl gewichen.
Als verkündete die Stewardess das Ende
der Audiounterhaltung an Bord.

Gefühl ist gewichen – ich finde,
das gäbe einen prächtigen Grabstein.

Doch deutete ich zu Unrecht an,
dass dies bereits geschehen sei.
In Wahrheit ließ das Gefühl mir keine Ruhe;
die Gabe des Ausdrucks war es,
die mir so oft versagte.
Mir versagte, mich quälte, fast mein Leben lang.

The secretary lifts his head,
filled with the abstract deference
the approach of death inspires.
It cannot help, really, but be thrilling,
this emerging of shape from chaos.

A machine, I see, has been installed by my bed
to inform my visitors
of my progress toward the horizon.

My own gaze keeps drifting toward it,
the unstable line gently
ascending, descending,
like a human voice in a lullaby.

And then the voice grows still.
At which point my soul will have merged
with the infinite, which is represented
by a straight line,
like a minus sign.

Der Sekretär hebt seinen Kopf
mit der abstrakten Achtung,
die der nahende Tod gebietet.
Es muss einfach ergreifend sein,
wenn die Form aus dem Chaos erscheint.

Eine Maschine, sehe ich, ist am Bett installiert,
die die Besucher über meinen Fortschritt
in Richtung Horizont informiert.

Auch mein Blick schweift oft dorthin,
zu der unsteten Linie, die sanft
mal steigt, mal fällt,
wie eine menschliche Stimme beim Gutenachtlied.

Und dann verstummt die Stimme.
In dem Moment wird meine Seele
mit der Unendlichkeit verschmolzen sein,
die ein gerader Strich anzeigt,
wie ein Minuszeichen.

I have no heirs
in the sense that I have nothing of substance
to leave behind.
Possibly time will revise this disappointment.
Those who know me well will find no news here;
I sympathize. Those to whom
I am bound by affection
will forgive, I hope, the distortions
compelled by the occasion.

I will be brief. This concludes,
as the stewardess says,
our short flight.

And all the persons one will never know
crowd into the aisle, and all are funneled
into the terminal.

Ich habe keine Erben,
womit ich meine, ich hinterlasse
nichts von Substanz.
Die Zeit mag die Enttäuschung wieder richten.
Jenen, die mich kennen, wird dies nichts Neues sein;
das haben wir leider gemein. Jene, denen
ich in Zuneigung verbunden bin,
werden, so hoffe ich, die Verzerrungen verzeihen,
die dieser Stunde geschuldet sind.

Kommen wir zur Sache. Dies beschließt,
wie die Stewardess sagt,
unseren kurzen Flug.

Und all die Menschen, denen man nie begegnen wird,
drängeln in den Gang, und alle strömen
in die Endstation.

THE WHITE SERIES

One day continuously followed another.
Winter passed. The Christmas lights came down
together with the shabby stars
strung across the various shopping streets.
Flower carts appeared on the wet pavements,
the metal pails filled with quince and anemones.

The end came and went.
Or should I say, at intervals the end approached;
I passed through it like a plane passing through a cloud.
On the other side, the vacant sign still glowed above the lavatory.

My aunt died. My brother moved to America.

On my wrist, the watch face glistened in the false darkness
(the movie was being shown).
This was its special feature, a kind of bluish throbbing
which made the numbers easy to read, even in the absence of light.
Princely, I always thought.

And yet the serene transit of the hour hand
no longer represented my perception of time
which had become a sense of immobility
expressed as movement across vast distances.

The hand moved;
the twelve, as I watched, became the one again.

DIE WEISSE REIHE

Ein Tag folgte stetig auf den anderen.
Der Winter ging ins Land. Die Weihnachtslichter wurden abgehängt
und auch die trüben Sterne,
die sich über all die Einkaufsstraßen spannten.
Blumenkarren rollten auf die nassen Bürgersteige,
Quitten und Windröschen füllten die Metalleimer.

Das Ende kam und ging.
Oder sollte ich sagen, das Ende näherte sich schrittweise;
ich bewegte mich hindurch wie ein Flugzeug durch eine Wolke.
Auf der anderen Seite leuchtete das Freizeichen weiter über den Toiletten.

Meine Tante starb. Mein Bruder zog nach Amerika.

Auf meinem Arm glänzte das Ziffernblatt der Uhr in der falschen Dunkelheit
(es wurde ein Film gezeigt).
Das war ihre Besonderheit, ein bläuliches Pulsieren,
bei dem man die Zahlen leicht lesen konnte, auch ohne Licht.
Sehr edel, fand ich.

Und doch entsprach der ruhige Gang des Stundenzeigers
nicht mehr meiner Wahrnehmung von Zeit,
die ich als Stillstand empfand,
welcher in der Überwindung riesiger Distanzen zum Ausdruck kam.

Der Zeiger lief weiter;
die Zwölf wurde, während ich zusah, wieder zur Eins.

Whereas time was now this environment in which
I was contained with my fellow passengers,
as the infant is contained in his sturdy crib
or, to stretch the point, as the unborn child
wallows in his mother's womb.

Outside the womb, the earth had fallen away;
I could see flares of lightning striking the wing.

When my funds were gone,
I went to live for a while
in a small house on my brother's land
in the state of Montana.

I arrived in darkness;
at the airport, my bags were lost.

It seemed to me I had moved
not horizontally but rather from a very low place
to something very high,
perhaps still in the air.

Indeed, Montana was like the moon –
My brother drove confidently over the icy road,
from time to time stopping to point out
some rare formation.

Wogegen die Zeit nun das Umfeld war, in dem
ich mit meinen Reisegefährten behalten war,
wie das Gitterbett das Kleinkind hält
oder, überspitzt gesagt, das ungeborene Kind
im Schoß der Mutter schwelgt.

Außerhalb des Schoßes versank die Erde;
ich konnte Blitze in den Flügel schlagen sehen.

Als mir das Geld ausging,
lebte ich eine Zeit lang
in einem kleinen Haus auf dem Land meines Bruders
im Staat Montana.

Ich kam im Dunkeln an;
am Flughafen fehlte mein Gepäck.

Es schien mir, ich hatte mich bewegt,
nicht horizontal, eher von einem sehr niederen Ort
an einen sehr hohen,
noch immer in der Luft vielleicht.

Und wirklich war Montana wie der Mond –
Mein Bruder fuhr uns sicher über die vereiste Straße,
hielt manchmal an, um hinzuweisen
auf eine seltene Formation.

We were, in the main, silent.
It came to me we had resumed
the arrangements of childhood,
our legs touching, the steering wheel
now substituting for the book.

And yet, in the deepest sense, they were interchangeable:
had not my brother always been steering,
both himself and me, out of our bleak bedroom
into a night of rocks and lakes
punctuated with swords sticking up here and there –

The sky was black. The earth was white and cold.

I watched the night fading. Above the white snow
the sun rose, turning the snow a strange pinkish color.

Then we arrived.
We stood awhile in the cold hall, waiting for the heat to start.
My brother wrote down my list of groceries.
Across my brother's face,
waves of sadness alternated with waves of joy.

I thought, of course, of the house in Cornwall.
The cows, the monotonous summery music of the bells –

I felt, as you will guess, an instant of stark terror.

Wir saßen meistens schweigend.
Ich merkte, wir folgten wieder
den Gewohnheiten aus Kinderzeiten,
unsere Beine streiften einander, das Lenkrad
ersetzte nun das Buch.

Doch waren sie im tiefsten Sinn die gleichen:
Hatte mein Bruder uns nicht immer schon gelenkt,
ihn und mich, hinaus aus unserem kargen Schlafzimmer
in eine Nacht voller Felsen und Seen,
aus denen Schwerter hier und da spitz aufragten –

Der Himmel war schwarz. Die Erde war weiß und kalt.

Ich sah zu, wie die Nacht verblasste. Über dem weißen Schnee
ging die Sonne auf, tauchte den Schnee in seltsames Rosa.

Dann kamen wir an.
Wir standen eine Weile im kalten Eingang, warteten, dass die Heizung ansprang.
Mein Bruder schrieb meine Einkaufsliste.
Über das Gesicht meines Bruders
glitten abwechselnd Wellen der Trauer und Wellen der Freude.

Natürlich dachte ich an das Haus in Cornwall.
Die Kühe, das eintönige sommerliche Läuten ihrer Glocken –

Einen Moment lang, wie du dir denken kannst, fühlte ich blankes Entsetzen.

And then I was alone.
The next day, my bags arrived.

I unpacked my few belongings.
The photograph of my parents on their wedding day
to which was now added
a photograph of my aunt in her aborted youth, a souvenir
she had cherished and passed on to me.

Beyond these, only toiletries and medications,
together with my small collection of winter clothes.

My brother brought me books and journals.
He taught me various new world skills
for which I would soon have no use.

And yet this was to me the new world:
there was nothing, and nothing was supposed to happen.
The snow fell. Certain afternoons,
I gave drawing lessons to my brother's wife.

At some point, I began to paint again.

It was impossible to form
any judgment of the work's value.
Suffice to say the paintings were
immense and entirely white. The paint had been
applied thickly, in great irregular strokes –

Und dann war ich allein.
Am nächsten Tag kam mein Gepäck.

Ich packte meine wenige Habe aus.
Die Fotografie meiner Eltern an ihrem Hochzeitstag,
nun ergänzt durch
eine Fotografie meiner Tante in ihrer abgekürzten Jugend, ein Andenken,
das sie gepflegt und mir vermacht hatte.

Ansonsten nur Toilettenartikel und Arzneien
zusammen mit einer kleinen Auswahl Winterkleidung.

Mein Bruder brachte mir Bücher und Zeitschriften.
Er zeigte mir manchen Handgriff aus der neuen Welt,
für den ich schon bald keinen Nutzen mehr hätte.

Und doch war dies für mich die neue Welt:
Es gab dort nichts, und nichts würde passieren.
Der Schnee fiel. An manchen Nachmittagen
brachte ich der Frau meines Bruders das Zeichnen bei.

Irgendwann begann ich wieder zu malen.

Es war unmöglich,
den Wert der Arbeit einzuschätzen.
Es reicht zu sagen, dass die Bilder
enorm und völlig weiß waren. Die Farbe war
dick aufgetragen, in großen ungleichen Strichen –

Fields of white and glimpses, flashes
of blue, the blue of the western sky,
or what I called to myself
watch-face blue. It spoke to me of another world.

I have led my people, it said,
into the wilderness
where they will be purified.

My brother's wife would stand mesmerized.
Sometimes my nephew came
(he would soon become my life companion).
I see, she would say, the face of a child.

She meant, I think, that feelings emanated from the surface,
feelings of helplessness or desolation –

Outside, the snow was falling.
I had been, I felt, accepted into its stillness.
And at the same time, each stroke was a decision,
not a conscious decision, but a decision nevertheless,
as when, for example, the murderer pulls the trigger.

This, he is saying. This is what I mean to do.
Or perhaps, what I need to do.
Or, this is all I can do.
Here, I believe, the analogy ends
in a welter of moral judgments.

Felder in Weiß und Flimmern, Blitzen
in Blau, dem Blau des Himmels im Westen,
was ich für mich
das Blau des Ziffernblatts nannte. Es sprach zu mir von einer anderen Welt.

Es sagte, ich habe mein Volk
in die Wüste geführt,
wo es rein werden soll.

Die Frau meines Bruders stand gebannt.
Gelegentlich kam mein Neffe
(bald würde er mein Lebensgefährte).
Sie sagte, ich sehe ein Kindergesicht.

Sie meinte, denke ich, dass von der Fläche Gefühle ausgingen
wie Ohnmacht oder Verlorenheit –

Draußen fiel der Schnee.
Er hatte mich, so spürte ich, in seine Stille aufgenommen.
Zugleich war jeder Strich des Pinsels ein Entschluss,
kein bewusster Entschluss und doch ein Entschluss,
wie etwa der des Mörders zum Schuss.

Das, sagt er. Das ist es, was ich tun will.
Oder vielleicht, was ich tun muss.
Oder das Einzige, was ich tun kann.
Hier, glaube ich, endet der Vergleich
in einem Sturm moralischer Entrüstung.

Afterward, I expect, he remembers nothing.
In the same way, I cannot say exactly
how these paintings came into being, though in the end
there were many of them, difficult to ship home.

When I returned, Harry was with me.
He is, I believe, a gentle boy
with a taste for domesticity.
In fact, he has taught himself to cook
despite the pressures of his academic schedule.

We suit each other. Often he sings as he goes about his work.
So my mother sang (or, more likely, so my aunt reported).
I request, often, some particular song to which I am attached,
and he goes about learning it. He is, as I say,
an obliging boy. The hills are alive, he sings,
over and over. And sometimes, in my darker moods,
the Jacques Brel which has haunted me.

The little cat is dead, meaning, I suppose,
one's last hope.

The cat is dead, Harry sings,
he will be pointless without his body.
In Harry's voice, it is deeply soothing.

Sometimes his voice shakes, as with great emotion,
and then for a while the hills are alive overwhelms
the cat is dead.

Später, vermute ich, erinnert er sich an nichts.
Genauso wenig kann ich sagen,
wie die Bilder entstanden, obwohl es am Ende
so viele waren, ich konnte sie kaum nach Hause verladen.

Als ich heimkam, war Harry bei mir.
Er ist, glaube ich, ein sanfter Junge
mit einem Hang zum Häuslichen.
Sogar zu kochen hat er gelernt,
obwohl sein Studium ihn sehr beansprucht.

Wir kommen gut aus. Oft singt er, wenn er seine Arbeit macht.
So sang auch meine Mutter (oder so erzählte es wohl meine Tante).
Oft wünsche ich mir ein Lied, das ich besonders mag,
und er studiert es ein. Er ist, wie gesagt,
ein gefälliger Junge. *The hills are alive*, singt er
wieder und wieder. Und bin ich in düsterer Stimmung,
das Stück von Jacques Brel, das mir keine Ruhe lässt.

Das Kätzchen ist tot, womit, nehme ich an,
die letzte Hoffnung gemeint ist.

The cat is dead, singt Harry,
ohne Körper wird sie wenig nützen.
In Harrys Stimme klingt es tröstlich.

Manchmal bebt seine Stimme, wie mit viel Gefühl,
und *the hills are alive* übertönt für eine Weile
the cat is dead.

But we do not, in the main, need to choose between them.

Still, the darker songs inspire him; each verse acquires variations.

The cat is dead: who will press, now,
his heart over my heart to warm me?

The end of hope, I think it means,
and yet in Harry's voice it seems a great door is swinging open –

The snow-covered cat disappears in the high branches;
O what will I see when I follow?

Doch meistens müssen wir uns nicht für eines entscheiden.

Dabei beflügeln ihn die dunkleren Lieder; jede Strophe variiert er.

Die Katze ist tot: Wer wird sein Herz jetzt
an meines schmiegen und mich wärmen?

Das Ende der Hoffnung, denke ich, bedeutet es,
und doch scheint ein großes Tor in Harrys Singen aufzuschwingen.

Die schneebedeckte Katze verschwindet in den hohen Zweigen;
Was wird sich, wenn ich einmal folge, zeigen?

THE HORSE AND THE RIDER

Once there was a horse, and on the horse there was a rider. How handsome they looked in the autumn sunlight, approaching a strange city! People thronged the streets or called from the high windows. Old women sat among flowerpots. But when you looked about for another horse or another rider, you looked in vain. My friend, said the animal, why not abandon me? Alone, you can find your way here. But to abandon you, said the other, would be to leave a part of myself behind, and how can I do that when I do not know which part you are?

PFERD UND REITER

Es war einmal ein Pferd, und auf dem Pferd saß ein Reiter. Wie schön sie anzuschauen waren im Licht der Herbstsonne, als sie auf eine fremde Stadt zuritten! Menschen drängten sich in den Straßen oder riefen ihnen von hohen Fenstern zu. Alte Frauen saßen zwischen Blumentöpfen. Doch hätte man nach einem weiteren Pferd oder einem weiteren Reiter gesucht, so hätte man umsonst geschaut. Mein Freund, sagte das Tier, warum lässt du mich nicht zurück? Allein kannst du deinen Weg hier finden. Aber dich zurückzulassen, sagte der andere, hieße einen Teil von mir selbst aufzugeben, und wie kann ich das, wenn ich nicht weiß, welcher Teil du bist?

A WORK OF FICTION

As I turned over the last page, after many nights, a wave of sorrow enveloped me. Where had they all gone, these people who had seemed so real? To distract myself, I walked out into the night; instinctively, I lit a cigarette. In the dark, the cigarette glowed, like a fire lit by a survivor. But who would see this light, this small dot among the infinite stars? I stood awhile in the dark, the cigarette glowing and growing small, each breath patiently destroying me. How small it was, how brief. Brief, brief, but inside me now, which the stars could never be.

EINE ERZÄHLUNG

Als ich nach vielen Nächten die letzte Seite umblätterte, ergriff mich eine Welle der Trauer. Wo waren sie nur hin, all die Menschen, die so wirklich schienen? Um mich abzulenken, trat ich in die Nacht hinaus; unwillkürlich zündete ich eine Zigarette an. In der Dunkelheit glühte die Zigarette, glühte wie ein Feuer, das ein Überlebender entzündet hat. Doch wer würde dieses Licht sehen, diesen winzigen Punkt inmitten unendlicher Sterne? Ich stand eine Weile in der Dunkelheit, während die Zigarette glühte und verglühte und mich jeder Atemzug geduldig vernichtete. Wie klein es war, wie flüchtig. Flüchtig, so flüchtig, doch jetzt in meinem Innern, was die Sterne niemals wären.

THE STORY OF A DAY

1.

I was awakened this morning as usual
by the narrow bars of light coming through the blinds
so that my first thought was that the nature of light
was incompleteness –

I pictured the light as it existed before the blinds stopped it –
how thwarted it must be, like a mind
dulled by too many drugs.

2.

I soon found myself
at my narrow table; to my right,
the remains of a small meal.

Language was filling my head, wild exhilaration
alternated with profound despair –

But if the essence of time is change,
how can anything become nothing?
This was the question I asked myself.

DIE GESCHICHTE EINES TAGES

1.

Mich weckten an diesem Morgen wie gewöhnlich
die schmalen Lichtstreifen, die durch die Jalousien fielen,
sodass mein erster Gedanke war, das Wesen des Lichts
sei Unvollständigkeit –

Ich stellte mir vor, wie das Licht war, bevor die Jalousien es bremsten –
doch nun blockiert, wie ein Kopf
von zu vielen Medikamenten.

2.

Ich fand mich bald
an meinem schmalen Tisch; zu meiner Rechten
die Reste eines kleinen Mahls.

Sprache füllte meinen Kopf, unbändige Euphorie
wechselte mit tiefer Verzweiflung –

Wenn aber das Wesen der Zeit der Wandel ist,
wie kann dann etwas nichts mehr sein?
Das war die Frage, die ich mir stellte.

3.

Long into the night I sat brooding at my table
until my head was so heavy and empty
I was compelled to lie down.
But I did not lie down. Instead, I rested my head on my arms
which I had crossed in front of me on the bare wood.
Like a fledgling in a nest, my head
lay on my arms.

It was the dry season.
I heard the clock tolling, three, then four –

I began at this point to pace the room
and shortly afterward the streets outside
whose turns and windings were familiar to me
from nights like this. Around and around I walked,
instinctively imitating the hands of the clock.
My shoes, when I looked down, were covered with dust.

By now the moon and stars had faded.
But the clock was still glowing in the church tower –

3.

Bis tief in die Nacht saß ich grübelnd an meinem Tisch,
bis mein Kopf so schwer und leer wurde,
dass ich gezwungen war, mich hinzulegen.
Doch ich legte mich nicht hin. Stattdessen ließ ich den Kopf auf meine Arme sacken,
die ich vor mir auf dem blanken Holz verschränkt hatte.
Wie ein Küken im Nest ruhte
mein Kopf auf meinen Armen.

Es war die Trockenzeit.
Ich hörte die Uhr schlagen, drei, dann vier –

Ich begann an diesem Punkt, das Zimmer abzulaufen
und kurz danach die Straßen draußen,
deren Kurven und Biegungen mir vertraut waren
aus Nächten wie dieser. Wieder und wieder lief ich im Kreis
und ahmte die Uhrzeiger instinktiv nach.
Staub bedeckte, als ich herabsah, meine Schuhe.

Inzwischen waren der Mond und die Sterne verblasst.
Nur die Uhr leuchtete weiter am Kirchturm –

4.

Thus I returned home.
I stood a long time
on the stoop where the stairs ended,
refusing to unlock the door.

The sun was rising.
The air had become heavy,
not because it had greater substance
but because there was nothing left to breathe.

I closed my eyes.
I was torn between a structure of oppositions
and a narrative structure –

5.

The room was as I left it.
There was the bed in the corner.
There was the table under the window.

There was the light battering itself against the window
until I raised the blinds
at which point it was redistributed
as flickering among the shade trees.

4.

Also ging ich heim.
Ich stand lange Zeit
auf dem oberen Absatz der Treppe
und wollte nicht die Tür aufschließen.

Die Sonne ging auf.
Die Luft wurde drückend,
nicht weil sie mehr Substanz hatte,
sondern weil es nichts zu atmen gab.

Ich schloss die Augen.
Ich schwankte zwischen einer Struktur der Widersprüche
und einer erzählenden Struktur –

5.

Das Zimmer war, wie ich es verlassen hatte.
Das Bett stand in der Ecke.
Der Tisch stand unterm Fenster.

Das Licht feuerte immer noch auf das Fenster,
bis ich die Jalousien hochzog,
worauf es sich neu verteilte
als Flimmern unter den schattigen Bäumen.

A SUMMER GARDEN

I.

Several weeks ago I discovered a photograph of my mother
sitting in the sun, her face flushed as with achievement or triumph.
The sun was shining. The dogs
were sleeping at her feet where time was also sleeping,
calm and unmoving as in all photographs.

I wiped the dust from my mother's face.
Indeed, dust covered everything; it seemed to me the persistent
haze of nostalgia that protects all relics of childhood.
In the background, an assortment of park furniture, trees, and shrubbery.

The sun moved lower in the sky, the shadows lengthened and darkened.
The more dust I removed, the more these shadows grew.
Summer arrived. The children
leaned over the rose border, their shadows
merging with the shadows of the roses.

A word came into my head, referring
to this shifting and changing, these erasures
that were now obvious –

it appeared, and as quickly vanished.
Was it blindness or darkness, peril, confusion?

Summer arrived, then autumn. The leaves turning,
the children bright spots in a mash of bronze and sienna.

EIN SOMMERGARTEN

1.

Vor einigen Wochen fand ich eine Fotografie meiner Mutter,
in der Sonne sitzend, ihr Gesicht erhitzt von Erfolg oder Triumph.
Die Sonne schien. Die Hunde
schliefen zu ihren Füßen, wo auch die Zeit schlief,
ruhig und regungslos wie auf allen Fotografien.

Ich wischte den Staub vom Gesicht meiner Mutter.
Der Staub bedeckte wahrlich alles; er schien mir wie der beharrliche
Schleier der Nostalgie, der alle Relikte der Kindheit schützt.
Im Hintergrund eine Ansammlung von Parkbänken, Bäumen und Gebüsch.

Am Himmel ging die Sonne unter, die Schatten wurden länger und dunkler.
Mit jedem Wischen des Staubs wuchsen diese Schatten.
Der Sommer kam. Die Kinder
beugten sich über das Rosenbeet, ihre Schatten
flossen in die Schatten der Rosen.

Ein Wort fiel mir ein, betraf
dieses Wechseln und Wandeln, dieses Auslöschen,
das nun sichtbar war –

es tauchte auf und verschwand sogleich.
War es Blindheit oder Dunkelheit, Verwirrung, Gefahr?

Der Sommer kam, dann der Herbst. Die Blätter färbten sich,
die Kinder helle Flecken in einem Misch aus Bronze und Siena.

2.

When I had recovered somewhat from these events,
I replaced the photograph as I had found it
between the pages of an ancient paperback,
many parts of which had been
annotated in the margins, sometimes in words but more often
in spirited questions and exclamations
meaning »I agree« or »I'm unsure, puzzled« –

The ink was faded. Here and there I couldn't tell
what thoughts occurred to the reader
but through the blotches I could sense
urgency, as though tears had fallen.

I held the book awhile.
It was *Death in Venice* (in translation);
I had noted the page in case, as Freud believed,
nothing is an accident.

Thus the little photograph
was buried again, as the past is buried in the future.
In the margin there were two words,
linked by an arrow: »sterility« and, down the page, »oblivion« –

»And it seemed to him the pale and lovely
Summoner out there smiled at him and beckoned ...«

2.

Nachdem ich mich von diesen Ereignissen etwas erholt hatte,
legte ich die Fotografie, wie ich sie gefunden hatte,
zwischen die Seiten eines alten Taschenbuchs,
in dem viele Stellen
am Rand beschriftet waren, mal mit Worten, doch häufiger
mit lebhaften Fragen und Ausrufen,
die wohl hießen »ich stimme zu« oder »ich bin nicht sicher, erstaunt« –

Die Tinte war verblasst. Hier und da konnte ich nicht
die Gedanken des Lesers erfassen,
doch durch die Flecken konnte ich
Bedrängnis spüren, als wären Tränen gefallen.

Ich hielt das Buch in der Hand.
Es war *Der Tod in Venedig* (in Übersetzung);
Ich hatte mir die Seite gemerkt, falls, wie Freud es glaubte,
nichts ein Zufall ist.

So lag die kleine Fotografie
wieder begraben, wie Vergangenheit in Zukunft begraben liegt.
Zwei Worte standen am Rand,
von einem Pfeil verbunden: »Unfruchtbarkeit« und, weiter unten, »Vergessen« –

»Ihm war aber, als ob der bleiche und liebliche
Psychagog dort draußen ihm lächle, ihm winke …«

3.

How quiet the garden is;
no breeze ruffles the Cornelian cherry.
Summer has come.

How quiet it is
now that life has triumphed. The rough

pillars of the sycamores
support the immobile
shelves of the foliage,

the lawn beneath
lush, iridescent –

And in the middle of the sky,
the immodest god.

Things are, he says. They are, they do not change;
response does not change.

How hushed it is, the stage
as well as the audience; it seems
breathing is an intrusion.

He must be very close,
the grass is shadowless.

3.

Wie still der Garten ist;
kein Lüftchen zaust an der Kornelkirsche.
Der Sommer ist da.

Wie still es ist,
jetzt, da das Leben triumphiert hat. Die rauen

Stämme der Maulbeerfeigen
stützen die reglosen
Schichten des Laubs,

der Rasen darunter
saftig, schimmernd –

Und hoch am Himmel
der maßlose Gott.

Die Dinge sind, sagt er. Sie sind, sie ändern sich nicht;
Antwort ändert sich nicht.

Wie gedämpft alles ist, die Bühne
und auch das Publikum; zu atmen
schon ein Eingriff.

Er muss sehr nah sein,
das Gras ist schattenlos.

How quiet it is, how silent,
like an afternoon in Pompeii.

4.

Mother died last night,
Mother who never dies.

Winter was in the air,
many months away
but in the air nevertheless.

It was the tenth of May.
Hyacinth and apple blossom
bloomed in the back garden.

We could hear
Maria singing songs from Czechoslovakia –

How alone I am –
songs of that kind.

How alone I am,
no mother, no father –
my brain seems so empty without them.

Wie still es ist, wie ruhig,
wie ein Nachmittag in Pompeji.

4.

Mutter starb letzte Nacht,
Mutter, die niemals stirbt.

Winter lag in der Luft,
noch Monate entfernt
und dennoch in der Luft.

Es war der zehnte Mai.
Hyazinthe und Apfel
blühten im Garten hinterm Haus.

Wir konnten Maria
singen hören, Lieder aus der Tschechoslowakei –

Wie allein ich bin –
Lieder dieser Art.

Wie allein ich bin,
keine Mutter mehr, kein Vater –
mein Kopf scheint ohne sie so leer.

Aromas drifted out of the earth;
the dishes were in the sink,
rinsed but not stacked.

Under the full moon
Maria was folding the washing;
the stiff sheets became
dry white rectangles of moonlight.

How alone I am, but in music
my desolation is my rejoicing.

It was the tenth of May
as it had been the ninth, the eighth.

Mother slept in her bed,
her arms outstretched, her head
balanced between them.

5.

Beatrice took the children to the park in Cedarhurst.
The sun was shining. Airplanes
passed back and forth overhead, peaceful because the war was over.

It was the world of her imagination:
true and false were of no importance.

Aromen drangen aus der Erde;
Geschirr lag in der Spüle,
gewaschen, doch nicht aufgestellt.

Unter dem Vollmond
faltete Maria die Wäsche;
die steifen Laken wurden
zu trockenweißen Vierecken aus Mondlicht.

Wie allein ich bin, doch in Musik
ist die Verlorenheit mein Jubellied.

Es war der zehnte Mai,
wie es der neunte gewesen war, der achte.

Mutter schlief in ihrem Bett,
die Arme ausgestreckt, ihr Kopf
gestützt in ihrer Mitte.

5.

Beatrice nahm die Kinder mit zum Park in Cedarhurst.
Die Sonne schien. Flugzeuge
über ihnen flogen hin und her, friedlich, denn der Krieg war aus.

Es war die Welt ihrer Fantasie:
Es gab kein Richtig oder Falsch.

Freshly polished and glittering –
that was the world. Dust
had not yet erupted on the surface of things.

The planes passed back and forth, bound
for Rome and Paris – you couldn't get there
unless you flew over the park. Everything
must pass through, nothing can stop –

The children held hands, leaning
to smell the roses.
They were five and seven.

Infinite, infinite – that
was her perception of time.

She sat on a bench, somewhat hidden by oak trees.
Far away, fear approached and departed;
from the train station came the sound it made.

The sky was pink and orange, older because the day was over.

There was no wind. The summer day
cast oak-shaped shadows on the green grass.

Frisch poliert und glänzend –
so war die Welt. Noch war der Staub
nicht über allem ausgebrochen.

Die Flugzeuge flogen hin und her in Richtung
Rom und Paris – nur so kam man dorthin,
man musste den Park überqueren. Alles
muss sich durchbewegen, nichts kann auf der Stelle stehen –

Die Kinder hielten sich an der Hand und bückten sich,
um an den Rosen zu riechen.
Sie waren fünf und sieben.

Unendlich, unendlich – so
war ihr Empfinden der Zeit.

Sie saß auf einer Bank, von Eichen ein wenig verdeckt.
Weit weg näherte sich Angst und entfernte sich;
vom Bahnhof ertönte ihr Klang.

Der Himmel war rosa und orange, älter, weil der Tag zu Ende war.

Kein Lüftchen ging. Der Sommertag
warf Eichenschatten auf das grüne Gras.

THE COUPLE IN THE PARK

A man walks alone in the park and beside him a woman walks, also alone. How does one know? It is as though a line exists between them, like a line on a playing field. And yet, in a photograph they might appear a married couple, weary of each other and of the many winters they have endured together. At another time, they might be strangers about to meet by accident. She drops her book; stooping to pick it up, she touches, by accident, his hand and her heart springs open like a child's music box. And out of the box comes a little ballerina made of wood. I have created this, the man thinks; though she can only whirl in place, still she is a dancer of some kind, not simply a block of wood. This must explain the puzzling music coming from the trees.

DAS PAAR IM PARK

Ein Mann geht allein im Park, und neben ihm geht eine Frau, auch allein. Woher weiß man das? Es ist, als verliefe zwischen ihnen eine Grenze, wie die Grenze auf einem Spielfeld. Und doch könnten sie auf einem Foto wie ein verheiratetes Paar aussehen, das einander leid ist und der vielen Winter, die es gemeinsam durchgestanden hat. Ein andermal wären sie womöglich Fremde, die der Zufall bald zusammenführt. Ihr fällt das Buch aus der Hand; als sie sich bückt, um es aufzuheben, berührt sie aus Versehen seine Hand, und das Herz springt ihr auf wie die Spieluhr eines Kindes. Und aus der Uhr tritt eine kleine Ballerina aus Holz. Ich habe das bewirkt, denkt der Mann; auch wenn sie sich nur auf der Stelle dreht, ist sie doch eine Art von Tänzerin, nicht nur ein Stück Holz. Und dies erklärt wohl die Musik, die von den Bäumen wundersam herüberklingt.

Die Originalausgabe erschien 2014 unter dem Titel
»Faithful and Virtuous Night« bei Farrar, Straus and Giroux, New York.

Penguin Random House Verlagsgruppe FSC® N001967

1. Auflage

Umschlaggestaltung: buxdesign | Ruth Botzenhardt
unter Verwendung eines Motivs von © Dallas Crow
Satz: Greiner & Reichel, Köln
Druck und Einband: GGP Media GmbH, Pößneck
Printed in Germany
ISBN 978-3-630-87699-3

www.luchterhand-literaturverlag.de